이희수 선생님이 들려주는

# 이슬람 제대로 알기

이희수 선생님이 들려주는

# 이슬람 제대로 알기

이희수 지음

푸른등대

 머리말

## 우리 눈으로 꼼꼼하게 이슬람을 살펴봐요

'이슬람'이라고 하면 'IS', '테러', '전쟁', '난민' 같은 두렵고 야만적인 단어가 먼저 생각납니다. 신문이나 뉴스에서도 아랍 지역의 전쟁 소식이 자주 들려옵니다. 하지만 한편으로 우리는 알라딘과 요술 램프가 나오는 《아라비안나이트》의 흥미진진한 이야기에 빠져 밤새워 책을 읽습니다. 텔레비전에 나오는 낙타와 사막이 무척 신기해 보이기도 하지요.

우리는 이슬람과 그 사람들에 대해 잘 모릅니다. 그 사람들의 종교는 어떤지, 우리 생활과는 어떻게 다른지, 왜 한 남편이 여러 아내를 두거나 사촌끼리 결혼을 하는지, 바쁘게 돌아가는 현대에 왜 여전히 하루 다섯 번 예배를 고집하는지…… 생각해 보면 궁금한 것도, 더 알아야 할 것도 참 많습니다.

그 궁금증을 풀기 위해 이 책을 썼습니다. 특히 유럽이나 미국 사람들 입장에서가 아니라, 우리 눈으로 꼼꼼하게 알아보았으면 합니다.

인류 문명의 4대 발상지 중에서 3곳이 이슬람권에 있다는 사실을 알고 있나요? 나일강을 중심으로 한 이집트 문명, 오늘날 이라크의 메소포타미아 문명, 파키스탄의 인더스 문명이 바로 그것입니다. 뿐만 아니라 유일신 종교인 유대교, 기독교, 이슬람교가 모두 여기서 생겨났지요.

　중세 유럽이 '암흑시대'에 잠들어 있을 때, 이슬람 세계는 찬란한 문명을 꽃피워 과학과 기술을 세계 최고로 발전시켰습니다. 또 중국에서 종이 제작 기술을 받아들여 그리스와 로마의 많은 고전을 아랍어로 번역하여 기록했습니다. 훗날 이것들이 유럽에 전해졌기 때문에 비로소 유럽의 르네상스가 일어날 수 있었지요.

　지금 우리가 사용하는 단어 역시 아랍어에서 온 것이 많습니다. 알고올(Alcohol), 알칼리(Alkali), 알루미늄(Aluminium)은 물론 커피(Coffee), 설탕(Sugar), 음악(Music), 레몬(Lemon) 같은 단어도 아랍어이고, 물리, 화학, 연금술, 천문학, 점성학 같은 단어도 마찬가지입니다.

　우리나라와의 관계는 어떨까요? 이미 삼국 시대와 통일 신라 시대부터 아랍 페르시아 상인들이 바닷길을 따라 오가며 여러 가지 진귀한 물건과 문화를 우리에게 전했습니다. 최근에는 페르시아 왕자가 신라에 와서 삼국 통일에 도움을 주고, 신라 공주와 결혼해 살았다는 〈쿠쉬나메〉라는 고대 이란 서사시가 발견되어 우리를 놀라게 했습니다. 우리에게 잘 알려진 '처용'이라는 사람도 신라에 건너왔던 이슬람 상인이라는 말이 있지요.

    지금도 중동의 이슬람 국가들은 우리에게 중요합니다. 우리는 중동-이슬람 세계에 나가 대규모 플랜트 공사나 스마트 도시 등을 건설하면서 큰돈을 벌고 있기 때문입니다. 무엇보다 이슬람 사람들은 한국을 너무나 좋아합니다. 〈대장금〉 시청률이 90퍼센트에 달할 정도로 우리 드라마를 좋아하고, BTS를 중심으로 케이팝(K-Pop) 등 한류에 열광하고 있지요.

    이슬람 사람들은 한국을 좋아하고, 한국 상품에 열광하고, '코리아(KOREA)'를 롤 모델로 삼고 있습니다. 그런데 우리가 그들을 오해하고 두려워한다는 것은 뭔가 잘못된 것 아닐까요? 테러를 일으키는 몇몇 나쁜 세력들을 비판하면서도 우리와 함께 살아가는 거대한 이슬람 문화권을 찬찬히 살펴보고 올바로 알아야 합니다. 이것이 서로 다른 생각과 문화를 가진 사람들이 더욱 가까워지는 21세기 다문화 시대에 우리가 가져야 할 태도입니다. 지금 이 시각 중동-이슬람 세계에서도 코로나 팬데믹으로 힘든 시기를 보내고 있습니다. 감염의 두려움에 크게 떨고 있고, 서로 오가는 것이 막힌 우리 삶은 너무 답답합니다. 주변 식당이나 상점들도 문을 닫으면서 경제적으로도 어려움을 겪는 사람들이 늘어나 가슴이 많이 아픕니다.

    하지만 이 고통 외에도 중동-이슬람 세계에서는 전혀 다른 문제의 고통이 있습니다. 바로 종교적 문제입니다. 매일 다섯 번씩 사회적 거리 두기 방식으

로 예배를 하고, 라마단 단식이나 성지 순례도 제한받으면서 종교적 의무를 채울 수 없다는 불안감과 초조함이 날로 심해지고 있기 때문입니다. 무슬림들은 예배를 볼 때 반드시 옆 사람과 어깨를 맞대야 합니다. 틈이 벌어지면 그 공간은 사탄의 통로가 됩니다. 그렇게 사탄과 함께 본 예배는 그 의미가 사라지지요. 이처럼 사회적 거리 두기 예배는 지난 1,400년간 지켜 왔던 예배의 의미를 다시 생각해야 하는 숙제를 안게 되었습니다.

또 사람들이 서로 만나지 못하면서 전통 시장이나 쇼핑몰에 가는 대신 인터넷 쇼핑이나 배달을 시기게 되면서 여성들이 적극적인 소비 주체로 등장하게 되었습니다. 19억 명 이슬람 사회가 이처럼 새로운 변화를 맞이하는 상황은 예삿일이 아닐 것입니다.

세상은 하나의 공동체로 서로서로 얽혀 있습니다. 이 책을 통해 또 다른 지구촌 사람들의 삶과 생각의 뿌리인 이슬람을 정확히 알고 글로벌 지식까지 쌓아 나가면 얼마나 보람 있을까요? 여러분과 함께 이슬람 문화를 향한 멋진 여행을 시작합니다.

**9·11 테러가 일어난 지 20년이 되는
2021년 가을
이희수**(한양대학교 문화인류학과 명예교수)

차례

머리말_우리 눈으로 꼼꼼하게 이슬람을 살펴봐요 • 4

# 1 처음 만나는 이슬람

★ 왜 이슬람을 알아야 하나요? • 14

★ 무함마드는 누구인가요? • 17

★ 《꾸란》은 무엇인가요? • 20

★ 아랍어는 그림같이 생겼어요 • 22

★ 《아라비안나이트》를 알고 있나요? • 25

★ 이슬람에서는 어떻게 인사하나요? • 27

★ '인샬라'는 무슨 뜻인가요? • 30

★ 무슬림이 가장 많은 나라는 어디인가요? • 33

더 알아볼까요? 이슬람의 위대한 사상가들 • 36

# 2 이슬람교에 대해 알아보기

★ 알라는 어떤 신인가요? • 48

★ 수니파와 시아파는 뭐가 다른가요? • 50

★ 왜 하루 다섯 번이나 예배를 하나요? • 55

★ 예배는 어떻게 드리나요? • 58

★ 라마단 단식은 무엇인가요? • 60

★ 왜 목사님 같은 성직자가 없나요? • 64

★ 성지 순례는 왜 하나요? • 66

★ 우리나라에도 이슬람 신자들이 많나요? • 68

더 알아볼까요? 이슬람의 위대한 예술가들 • 70

# 3 이슬람 사람들의 생활 엿보기

★ 무슬림은 돼지고기를 왜 안 먹을까요? • 80
★ 여자들은 왜 히잡을 쓰나요? • 83
★ 이슬람의 결혼 제도는 어떤가요? • 87
★ 아내를 여러 명 두나요? • 90
★ 사촌끼리도 결혼한다고요? • 93
★ 이슬람의 카펫이 유명해요 • 95
★ 이슬람에서는 이자 없이 은행을 운영해요 • 98
★ 사막에서 생활하는 사람도 있나요? • 100
★ 이슬람법에 대해 알고 싶어요 • 103
★ 할례가 무엇인가요? • 105
★ 이슬람에서 커피가 시작되었어요 • 108
★ 이슬람 명절에 낙타 바비큐를 먹어요 • 111
★ 할랄과 하람은 정확히 무엇인가요? • 114
★ 이슬람에도 찜질방이 있다고요? • 118

더 알아볼까요? 이슬람의 위대한 여성들 • 120

# 4 이슬람과 세계 여러 나라

★ 이슬람은 어떻게 세계로 퍼졌나요? • 128

★ 세종 대왕이 《꾸란》을 아셨다고요? • 133

★ 이슬람 국가 사우디아라비아를 알고 싶어요 • 135

★ 유대인과 왜 사이가 나빠졌나요? • 138

★ 무슬림은 미국을 싫어하나요? • 142

★ 미국에는 무슬림이 없나요? • 146

★ 미국의 무슬림 맬컴 엑스를 알고 싶어요 • 149

★ 페르시아 왕자와 신라 공주의 사랑 이야기가 사실인가요? • 152

★ '탈레반', '알카에다', 'IS'가 뭐예요? • 156

★ 아랍의 미래는 어떠할까요? • 158

더 알아볼까요? 이슬람의 위대한 정치가들 • 162

맺는말_다른 나라의 문화를 어떻게 받아들여야 할까요? • 172

- ★ 왜 이슬람을 알아야 하나요?
- ★ 무함마드는 누구인가요?
- ★ 《꾸란》은 무엇인가요?
- ★ 아랍어는 그림같이 생겼어요
- ★ 《아라비안나이트》를 알고 있나요?
- ★ 이슬람에서는 어떻게 인사하나요?
- ★ '인샬라'는 무슨 뜻인가요?
- ★ 무슬림이 가장 많은 나라는 어디인가요?

더 알아볼까요? 이슬람의 위대한 사상가들

# 처음 만나는 이슬람

# 왜 이슬람을 알아야 하나요?

우리가 사는 세계는 동양과 서양이라는 두 개의 세계로만 이루어진 것이 아닙니다. 찬란한 문명과 문화를 가진 다른 세계도 많이 있지요. 그중 하나가 바로 이슬람입니다.

이슬람 세계에는 세계 4대 문명 발상지 중 3곳(이집트, 메소포타미아, 인더스)이 있습니다. 이슬람교를 믿는 신자 수도 기독교나 힌두교, 불교보다 더 많은

이집트, 메소포타미아, 인더스 문명이 모두 이슬람에 속해 있어요.

**밝은 모습의 이슬람 친구들**
우리와 다른 이슬람 친구들과 가까워지려면 먼저 그 문화를 이해하는 게 중요해요.

수인 19억 명이나 됩니다. 그렇지만 우리에게 이슬람은 일부다처를 고집하고 테러를 저지르는 종교로만 많이 알려져 있지요.

　이런 생각에는 잘못된 것이 많습니다. 20세기가 시작되면서 모든 중동 지역이 유럽의 식민 지배를 받게 되는데, 거기서 독립하기 위해 전쟁을 여러 차례 치르면서 이슬람이 전쟁을 좋아하는 것처럼 알려진 것입니다. 특히 우리나라는 이슬람 국가들과 서로 적대 관계에 있는 미국이나 **유대인**들의 입장만을 다룬 언론 보도와 지식을 주로 보고 듣기 때문에 이슬람에 대한 오해가 더 커졌지요.

현대 사회에서 이슬람만큼 독특한 문화를 가진 종교도 흔하지 않습니다. 정치와 종교가 하나로 통일되어 있고, 종교와 삶이 함께 섞여 있어 어느 부분이 종교이고 어느 부분이 생활 풍습인지 구분이 잘 되지 않거든요.

그렇기 때문에 이슬람은 종교라기보다는 하나의 문화로 이해해야 합니다. 사람이 살아가는 모습이 바로 문화니까요.

다문화 시대가 되면서 세계는 물론 우리나라도 이제 여러 가지 다른 생각과 다른 모습을 가진 사람들이 함께 살아가게 되었습니다. 국경과 민족의 경계가 사라지기 때문에 서로가 서로를 잘 이해하지 않으면 살아남기 어렵게 됩니다.

19억 인구, 57개국에 달하는 이슬람 문화권을 올바로 이해하는 것은 국제화로 나아가는 중요한 지름길이 되는 셈이지요. 미래를 살아갈 우리 어린이들이라면 '이슬람'은 꼭 알아 두어야 할 문화 중의 하나입니다.

**유대인** 유대교를 믿는 사람이에요. 유일신 여호와를 믿고 스스로 여호와 하느님에게 선택받은 백성이라고 생각하며 메시아가 오기를 기다리지요. 더 넓은 의미에서는 구약 성서에 나오는 히브리인들의 후손으로, 고대 유대 민족이 된 사람을 말해요.

# 무함마드는 누구인가요?

7세기 초 예언자 무함마드(570~632)가 처음으로 전파하기 시작한 종교가 이슬람교입니다. 이 종교는 100년도 안 되는 짧은 시간에 아시아와 아프리카, 유럽을 잇는 광대한 영역에 뿌리를 내렸습니다.

6세기 무렵 비잔틴 제국과 사산 왕조 페르시아의 전쟁으로 교통로가 막히자 새로운 교통로가 생겼어요. 그 중간에 있던 도시 메카가 번성했고, 이슬람의 중심지가 되었지요.

무함마드는 570년에 아라비아의 서부 지역에 위치한 메카라는 도시에서 태어났지요. 당시 메카는 종교 도시이자 부유한 상업 도시였습니다.

메카에는 아브라함이 하느님의 명을 받아 건설한 카바 신전이 있었습니다. 하지만 아랍인들 사이에서는 **우상 숭배**의 중심지로 자리 잡고 있었고, 인도양과 지중해를 연결하는 중계 무역의 거점이기도 했습니다.

당시 비잔틴 제국과 사산 왕조 페르시아는 오랫동안 싸우며 적대적인 관계를 가지고 있었습니다. 그래서 동서를 잇던 시리아와 페르시아 간의 교통로가 거의 막혀 있었지요. 이때 예멘-아라비아-서부 시리아를 연결하는 동서 교역의 새로운 통로가 열렸는데, 메카는 이 통상 교역로의 중간 지점에 위치하여 번성을 누렸습니다.

무함마드는 아랍 부족 중 가장 유력했던 꾸라이쉬 족의 한 가난한 집안에서 **유복자**로 태어났습니다. 청년이 되어서는 **대상** 활동을 하면서 각지로 돌아다녔지요.

그는 이따금 종교적 명상에 잠기곤 했는데, 마침내 610년 천사 가브리엘을 통해 하느님

**이슬람이 처음 시작된 히라 동굴**
무함마드가 천사 가브리엘의 계시를 받고 이슬람이라는 종교를 처음으로 시작한 동굴이에요.

의 계시를 받고 유일신 사상을 전파하기 시작했습니다.

그러나 그의 주장은 한결같이 당시 아랍 사회의 생각과는 다른 것이었습니다. 우상 숭배를 하지 못하게 했고 **고리대금**이나 도박, 음주, 난잡한 결혼 등 아랍의 오래된 나쁜 전통을 버려야 한다고 말했거든요.

무함마드의 이런 생각은 당시 지배층의 강한 반발에 부딪혀 박해와 수난을 받았습니다. 박해가 심해지던 중 그는 622년 하느님(알라)으로부터 이주의 계시를 받고 그를 따르던 이슬람 신자들과 함께 메디나로 옮겨 갔습니다. 이것을 '헤지라'라고 부르는데, 그때를 이슬람력의 원년으로 삼지요.

메디나로 이주한 무함마드는 그곳에서 최초의 이슬람 공동체인 '움마'를 만드는 데 성공하여 10년 뒤에 다시 메카로 전쟁 없이 되돌아옵니다. 이때부터 이슬람 세력은 급속히 커지게 되었습니다.

이슬람은 아라비아반도에서 북쪽으로 진출하여 7세기 초반에 고대 문명의 발상지인 메소포타미아와 이집트 지역으로 세력을 확대했습니다. 그 결과 이 두 지역 사이에 있는 팔레스타인과 시리아 지방이 이슬람화되었고, 13세기에는 소아시아 반도(오늘날 터키 땅)가 이슬람화되었답니다.

- **우상 숭배** 신이 아닌 사람이나 물체를 종교적으로 숭배하는 것
- **유복자** 어머니 배 속에 있을 때 아버지를 여의고 태어난 자식
- **대상** 낙타 등에 짐을 싣고 떼 지어 먼 곳으로 다니면서 특산물을 사고파는 상인
- **고리대금** 비싼 이자를 조건으로 빌려주는 돈

# 《꾸란》은 무엇인가요?

《꾸란》은 흔히 '코란'이라 불리는 이슬람 최고의 경전입니다. 제114장 6,211구절로, 모두 아랍어로 쓰여 있지요. 아랍인 예언자 무함마드가 서기 610년 오랜 명상 끝에 하느님에게서 아랍어로 계시를 받은 것을 기록한 것이기 때문입니다. 또 한꺼번에 적은 것이 아니고 무함마드가 죽은 632년까지

**이슬람의 최고의 경전 《꾸란》**
무함마드가 하느님에게서 아랍어로
계시를 받은 것을 기록한 책이에요.

22년에 걸쳐 계시받은 내용입니다.

무함마드 자신은 글을 몰랐기 때문에 그의 많은 추종자들이 계시를 외우고 있다가 무함마드가 죽고 난 얼마 뒤 책으로 펴내어 오늘날까지 내려오고 있습니다. 《꾸란》은 획 하나, 점 하나 틀리지 않은 원전 그대로 전해지기 때문에 이슬람 신자들은 《꾸란》을 절대적인 경전으로 믿고 따르지요.

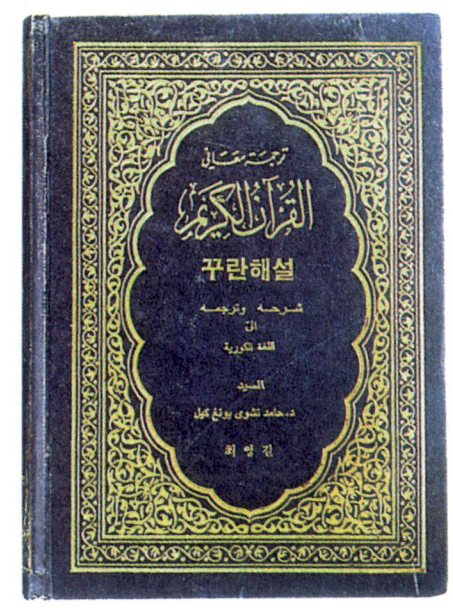

우리나라 말로 번역한 《꾸란》

《꾸란》에는 《성경》의 이야기도 많이 나옵니다. 유대교나 기독교와 비슷한 내용도 발견되고요. 정통 이슬람에서는 《꾸란》을 다른 언어로 번역하지 못하게 합니다. 하느님의 깊은 진리를 인간의 능력으로 잘못 옮기게 되면 원래 뜻이 왜곡될 수 있다는 이유지요.

그렇지만 어려운 아랍어를 모르는 많은 이슬람 신자들을 위해서 실제로는 《꾸란 해설서》라는 이름으로 수많은 외국어로 번역되었습니다. 우리나라에서도 몇몇 학자들이 한글로 번역을 했답니다.

《꾸란》은 아랍어를 모르는 신자들을 위해 수많은 다른 언어로도 번역되었어.

# 아랍어는 그림같이 생겼어요

아랍어는 인류가 사용하는 언어 중 가장 오래되었습니다. 무척 과학적인 언어로 알려져 있고, 단어 수도 많지요. 이슬람 경전인 《꾸란》이 아랍어로 쓰였기 때문에 19억 이슬람 신자가 배우는 언어이기도 합니다.

몇 년 전, 21세기를 맞아 인류의 역사를 기록할 타임캡슐이 영국에서 제작된 일이 있었습니다. 이때 인류의 역사를 기록할 언어로 4개 국어가 선정되었는데, 바로 영어, 중국어, 에스파냐어, 그리고 아랍어였어요.

영어는 누구나가 인정하는 국제 공용어이고, 중국어는 14억이 넘는 엄청난 인구가 사용하는 언어입니다. 에스파냐어는 중남미와 미주 지역에서 널리 사용되고 있고요. 그런데 아랍어가 선정된 것은 좀 뜻밖이지요?

그러나 알고 보면 아랍어를 모국어로 사용하는 나라가 사우디아라비아, 이라크, 시리아, 쿠웨이트, 레바논, 요르단, 팔레스타인, 오만, 바레인, 예멘, 카타르, 아

인류가 사용한 가장 오래된 언어인 아랍어를 모국어로 쓰는 나라는 22개 나라, 약 3억 5천만 명이나 되지.

아랍어를 가지고 그린 그림
'알라 이외에 신은 없고 무함마드는 알라의 사도이다'라는 뜻이에요.

아랍어 서예 작품
글씨의 획이나 서체를 보면 그림처럼 느껴지기도 해요.

랍 에미리트, 이집트, 수단, 리비아, 튀니지, 모로코, 알제리 등 약 22개 나라나 돼요. 인구수를 합치면 약 3억 5천만 명을 넘지요. 유엔의 6개 공용어(영어, 프랑스어, 에스파냐어, 러시아어, 중국어, 아랍어)에도 아랍어가 들어가 있습니다. 아랍권에 가까이 있는 아프리카 국가에서도 아랍어는 제2의 언어로서 중요한 위치를 차지하고 있지요.

우리나라에서는 아랍어가 무척이나 낯선 말로 여겨집니다. 아마도 아랍어를 접할 기회가 적어서 그럴 거예요.

그러나 지금은 상황이 크게 바뀌었습니다. 아랍어가 중학교에서 '생활 외국어'로, 고등학교에서 '제2외국어'로 채택되면서 최근에는 수능 시험에서 아랍어를 '제2외국어'로 선택하는 학생 수가 가장 많을 정도로 관심이 높아졌습니다. 여러분도 중·고등학교에 갈 때 즈음에는 아랍어를 배울 수 있을 거예요.

물론 오늘날 아랍인의 상당수가 표준 아랍어를 모르는 문맹이기는 합니다. 아랍인들에게조차 아랍어는 어렵기 때문입니다. 외국인들에게도 마찬가지입니다. 특히 우리나라 사람들에게는 서체와 획이 전혀 달라 공부하기 어려운 언어지요.

하지만 **무슬림**들에게 아랍어는 예술적이고 정확한 표현의 수단이며, 종교의 도구이자 문화의 전달자입니다. 아랍 민족들에게는 민족정신의 상징이 되기도 하고요.

**무슬림** 이슬람 신자

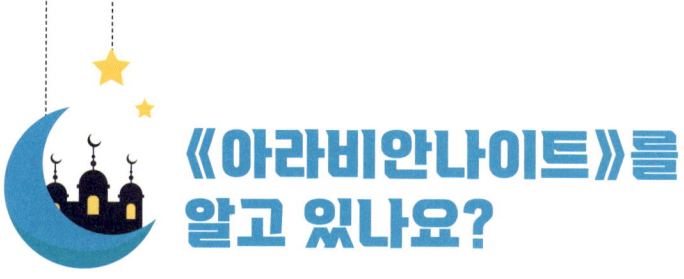

## 《아라비안나이트》를 알고 있나요?

우리를 모험과 신비의 세계로 이끌고 가는 이야기 〈신드바드의 모험〉, 〈알리바바와 40인의 도적〉, 〈알라딘과 요술 램프〉는 과연 어느 나라의 이야기일까요? 모두 아랍의 문학 작품입니다.

**《아라비안나이트》**는 원래 인도의 이야기였어요. 이것이 페르시아를 거치며 내용이 조금씩 바뀌어 아랍으로 전달되었고, 아랍풍 내용들이 들어가면서 다시 완성된 것입니다.

**이슬람의 유명한 문학 작품 《아라비안나이트》**
양탄자를 타고 나는 이야기, 요술 램프 이야기 등이 모두 《아라비안나이트》에 나오는 내용이에요.

여러분이 《아라비안나이트》를 읽어 보았다면 아마도 어린이가 잘 이해할 수 있게 내용을 조금 바꾼 것이었을 거예요. 《아라비안나이트》의 원래 이야기는 이렇게 시작한답니다.

아내를 믿지 못하던 왕은 왕비와 노예를 죽여요. 그러고는 신하를 시켜 매일 밤 새로운 처녀를 자신의 방으로 데려오게 해요. 하지만 왕은 다음 날 아침 처녀를 바로 죽여 버려요. 3년 동안 이런 일이 계속되자 백성들의 원성이 극에 달했어요. 처녀를 가진 집안은 도망가거나 서둘러 누군가와 결혼시켜 그 나라에서는 처녀를 찾아볼 수 없게 됩니다. 하지만 계속되는 왕의 요구에 신하는 마지막으로 자신의 두 딸인 '셰에라자드'와 '둔야자드'를 왕에게 보냅니다.

신하의 큰딸 셰에라자드는 영특한 처녀로 세상의 신기한 이야기들과 역사와 전설을 많이 알고 있었습니다. 셰에라자드는 밤을 보내면서 왕에게 진기한 이야기들을 들려줍니다. 그러다가 다음 내용이 궁금해질 때쯤 되면 다음 날 이어서 이야기해 주겠다고 하지요. 이야기가 궁금해진 왕은 그렇게 하루하루를 보내다가 마침내 천 하룻밤이나 셰에라자드를 살려 두고 함께 지내며 이야기를 듣습니다. 그 뒤 왕은 셰에라자드를 왕비로 맞게 되지요.

《아라비안나이트》는 18세기에 프랑스어로 번역되면서 유럽으로 퍼져 나갔습니다. 이렇듯 아랍 문학뿐만 아니라 서구 문학에도 큰 영향을 끼쳐 그 문학적 가치를 인정받고 있지요.

**아라비안나이트** 천일 야화로도 불리는데, 천 하룻밤의 이야기라는 뜻이에요.

# 이슬람에서는 어떻게 인사하나요?

외국인과 처음 만나면 가장 먼저 인사를 하게 됩니다. 인사말을 통해 우리는 그 나라에 대한 첫인상을 갖게 되지요.

인사는 지역과 문화에 따라 매우 다릅니다. 우리나라와 같은 유교 문화권에서는 인사를 간단히 하며, 상대방의 몸을 만지거나 큰 소리로 말하는 것은 실례가 됩니다. 미국인들과 인사할 때는 상대방의 얼굴을 쳐다보면서 이야기해야 합니다. 상대방의 눈길을 피하는 것은 무시하는 행동으로 여겨지기 때문입니다.

아랍인들의 인사는 매우 독특합니다. 첫인사는 '앗쌀라무 알라이쿰'입니다. 이 말은 '하느님의 평화가 당신에게 함께하라'는 뜻입니다.

그냥 가볍게 '평화'를 의미하는 '쌀람'이라고 하거나, '안녕!'에 해당되는 '마르하반'이라고 인사를 건네기도 하지요. '요즘 어떻게 지내세요?'라는 인사는 '케이파 할루쿰'이라고 합니다.

인사를 할 때는 서로 껴안고 좌우로 양 볼을 맞대고 친근함을 나타냅니다. 그리고는 오랫동안 안부를 묻고 긴 인사를 나눕니다. 인사할 때는 또한 자신의 느낌을 드러내는 행동을 자주 하고, 목청을 돋우어 큰 소리로 말하거나 몸동작도 크게 하지요. 다른 나라 사람이 본다면 이런 모습을 불편하게 느낄지도 모르지만, 아랍인들의 인사 예절로 이해해야 합니다.

아랍인은 이야기를 나눌 때에도 상대방의 눈을 뚫어지도록 보거나 어깨를 두드리며 팔을 잡기도 하고 얼굴을 바싹 들이대기도 합니다. 특히 오랜만에 친구나 귀한 손님을 맞이할 때는 껴안고 양 볼에 입맞춤을 하기도 합니다. 재미있는 것은 아랍 사회에서 남자나 여자끼리는 서로 껴안고 양 볼에 입맞춤하는 것이 허용되지만, 남녀 사이에는 되도록 몸을 접촉해서는 안 됩니다.

아랍어 인사를 다 같이 따라 해 볼까?

### 아랍의 인사법

**앗쌀라무 알라이쿰** ⋯▶ 하느님의 평화가 당신에게 함께하라 (첫인사)

**쌀람** ⋯▶ 평화(간단한 인사)

**마르하반** ⋯▶ 안녕

**케이파 할루쿰** ⋯▶ 요즘 어떻게 지내세요?

**인사하는 아랍인들**
인사할 때 얼굴을 바싹 들이대거나 껴안고 양 볼에 입맞춤을 하기도 해요.

　서구화가 많이 진행된 아랍 대도시에서도 남녀 사이에서는 그저 가볍게 악수하는 것으로 그만입니다. 이슬람에서는 남자와 여자가 서로 구분되기 때문에 모르는 남녀끼리 신체를 부딪치는 일을 되도록 피한답니다.
　뿐만 아니라 코로나 팬데믹 이후에는 남자나 여자끼리라도 서로 몸을 접촉하지 않는 것으로 모든 인사가 많이 달라지고 있어요.

# '인샬라'는 무슨 뜻인가요?

아랍인들이 즐겨 사용하는 인사 중에 '인샬라'라는 표현이 있습니다. 이것은 '신이 원하신다면'이라는 뜻입니다.

아랍인들은 미래의 일에 대해 '인샬라'를 자주 사용합니다. 예를 들면, '나는 내일 차를 사게 될 거야, 인샬라', '내일 학교에서 만나자, 인샬라' 이렇게요. 이것은 '차를 사거나 학교에서 만나는 일이 내일 이루어질 수도 있고, 그렇지 않을 수도 있지만 하느님이 원한다면 이루어진다'라는 뜻을 가지고 있습니다.

무슬림들은 오직 하느님만이 미래의 일을 알고 있다고 생각하기 때문에 이러한 표현을 사용합니다. 그러나 이러한 표현을 사용하는 이유를 잘 이해하지 못하는 다른 나라 사람들은 이를 나쁜 습관으로 여기기도 합니다. 아랍인들은 약속 시간에 잘 늦는 편인데, 약속을 못 지키거나 시간을 어길 때 핑곗거리로 쓰는 표현일 뿐이라고 생각하기 쉬우니까요.

'인샬라'라는 인사는 하느님만이 미래의 일을 안다는 아랍의 전통적인 생각을 보여 주지.

우리나라 사람이 만일 아랍 세계를 여행한다면 역시 가장 이해하기 어려운 표현이 '인샬라'입니다. 내일 만나자고 아랍인과 약속을 하는데 상대방이 '인샬라'라고 답하면 그가 나올지 안 나올지 확신할 수 없으니 얼마나 답답한 일이겠어요?

이런 일들은 아랍 세계에서 자주 경험하게 됩니다. 따라서 이 표현의 의미를 올바로 이해해야만 아랍인들에 대한 편견이나 오해를 갖지 않을 수 있을 거예요.

'인샬라'라는 표현은 이슬람의 오랜 전통입니다. 이슬람을 따르지 않았던 불신자들이 예언자 무함마드의 믿음과 정직함을 시험하기 위해 다음과 같은 질문들을 던졌다고 합니다.

"첫째, 인간 영혼의 속성은 무엇이며 둘째, 인간의 출생과 죽음의 시기는 언제이냐?"

그들의 속셈은 무함마드에게 대답하기가 어려운 질문을 던져 그를 어려움에 빠뜨리게 하려는 것이었습니다. 만약 무함마드가 이러한 질문에 답하지 못한다면 무척 난처해질 수

**불신자들의 질문에 '인샬라'로 대답한 무함마드**
이슬람에서는 우상 숭배 금지 때문에 무함마드를 그림이나 사진으로 보여 주지 않아요.
그래서 여기서도 얼굴을 하얗게 칠해 두었어요.

밖에 없으니까요.

무함마드는 당장 대답하지 못했습니다. 그다음 날에도 대답하지 못했습니다. 그러나 사흘째 되는 날에 그는 천사 가브리엘을 통해 하느님으로부터 '인샬라'라는 대답을 얻었다고 합니다. 비록 이 이야기가 입에서 입으로 전달된 것이라 해도 '인샬라'의 의미를 설명하기 충분합니다.

다시 말해 인간의 속성과 죽음의 때, 그리고 미래와 관련된 모든 일은 인간이 답할 수 있는 것이 아니라 오직 알라만이 알고 답할 수 있다는 의미인 것이지요. 다시 말해 미래의 모든 일들은 알라의 의지에 따라 결정된다는 것입니다.

'인샬라'의 의미도 '어떻게 될지 나도 모른다'는 부정적인 뜻보다는 신의 뜻을 받들어서 꼭 해낼 수 있다는 적극적인 의미로 해석하는 학자들도 많이 있답니다.

## 무슬림이 가장 많은 나라는 어디인가요?

세계에서 무슬림이 가장 많은 나라는 인도네시아입니다. 인도네시아 국민의 약 87퍼센트, 그러니까 2억 3천만 명 이상이 이슬람교를 믿고 있지요. 그 다음으로는 인도, 파키스탄, 방글라데시 같은 나라들이 이슬람 인구 2억 명

중국의 무슬림인 위구르족
무슬림은 아랍 지역뿐만 아니라 인도네시아, 중국 등 아시아에도 많이 퍼져 있어요.

**아시아의 이슬람 국가들**
연두색과 초록색으로 칠한 곳이 모두 이슬람 국가들이에요.

에 육박합니다.

사실 이슬람은 아랍 지역보다는 아시아에 집중적으로 퍼져 있습니다. 옛 소련이 무너진 이후에 독립한 우즈베키스탄, 카자흐스탄, 키르기스스탄, 타지키스탄, 투르크메니스탄, 아제르바이잔 같은 국가들도 이슬람 공화국입니다. 모두 1억 명 가까운 무슬림이 살고 있지요.

중국에도 최대의 소수 민족을 이루는 위구르족과 회족이라 불리는 무슬림이 5천만 명에 이릅니다. 그 외에도 말레이시아와 브루나이에 무슬림이 많이 살고 있고, 불교 국가인 태국에도 400만 명, 가톨릭 국가인 필리핀 남부에도 약 600만 명 이상이 살고 있습니다

  전 세계 인구 중 아랍인이 차지하는 비중은 4분의 1정도이고, 57개의 이슬람 국가 중 아랍 지역의 국가는 22개국입니다. 나머지 나라와 인구는 아시아에 자리 잡고 있어서 이슬람은 아랍의 종교가 아니라 오히려 아시아의 종교로 불린답니다.

  우리나라에도 약 4만 명의 한국인 무슬림이 있습니다. 20여 개의 이슬람권 국가의 대사관도 있어 우리나라와 이슬람 국가들과의 협력에 힘쓰고 있지요.

# 이슬람의 위대한 사상가들

이슬람이 무엇인지 잘 알아보았나요? 1장을 마무리하며 이슬람 세계를 이끈 위대한 사상가들에 대해 더 공부해 봐요.

### 관용과 용서를 가르친 위대한 민중 철학자
## 메블라나 잘랄루딘 루미 (Jalāl ud-dīn Muhammad Rūmī, 1207~1273)

메블라나 잘랄루딘 루미는 이슬람 수피주의의 큰 흐름인 메블라나 종단을 만든 중세 이슬람 세계의 큰 스승이자 대사상가입니다. 메블라나가 활동하던 13세기 중엽은 십자군 전쟁과 몽골의 침략으로 민중들이 크게 고통당하던 시기였어요. 그래서 민중들을 위한 새로운 종교가 많이 생겨났지요. 특히 '적게 먹고, 적게 마시고, 아무렇게나 옷을 걸치고'를 주장하며 기존의 권위와 형식에 맞서는 종교 운동이 있었는데, 대표적인 것이 '수피즘'이라고 불리는 이슬람 신비주의 사상이었습니다.

메블라나는 아랍어로 쓰인 하느님의 말씀인 《꾸란》은 일반인들이 배우기에는 너무나 어렵다고 말했습니다. 《꾸란》을 깊이 이해하지 못해도 누구나 일정한 영적인 수련을 통해 신의

**메블라나와 수피 수도자들**

영역에 들 수 있는 새로운 길을 찾아 민중들에게 몸소 실천해 보였지요. 그렇게 생겨난 것이 바로 메블라나 종단입니다.

　세마(Sema)라는 독특한 회전 춤으로 신을 이해하고 궁극적으로는 신을 만나게 되는 특별한 명상 춤을 개발했지요. 세마 공연에서는 수도자들이 서로 팔을 감싸고 허리를 숙여 몇 차례 인사를 나누고는 검은 망토를 벗어던지고 춤을 춥니다. 두 손을 펼쳐 오른손을 하늘로, 왼손을 땅으로 향하게 하고 고개를 23.5도의 지구 자전축만큼 오른쪽으로 기울여서 돌기를 계속합니다. 지구 자전을 상징하듯 자신이 돌고, 공전을 상징하듯 수도자들이 또 함께 돌면서 황홀경을 경험하게 됩니다. 그러고는 신을 만나고 자신의 마음 깊은 곳에 신을 품게 됩니다. 그것은 곧 자신을 비우는 과정이지요.

　그의 사상은 민중들에게 깊은 영향을 주었고 관용과 화해의 가르침으로 오늘날까지 전해 내려져 오고 있답니다.

**수피들의 독특한 회전 춤인 세마**

오라, 오라! 당신이 누구이든 간에!
방황하는 자, 우상 숭배자, 불을 섬기는 자,
아무것도 믿지 않는 사람도 모두 오라, 내게로 오라.
약속을 어기고 맹세를 100번이나 깨뜨린 사람도 좋다.
오라, 언제든지 다시 오라.
우리의 길은 절망하는 길이 아니라 진리의 길이다.
그리고 용서하라, 또 용서하라.

인류에게 다음과 같은 소중한 7가지의 교훈도 남겼습니다.

남에게 친절하고 도움 주기를 흐르는 물처럼 하라
연민과 사랑을 태양처럼 하라
남의 허물을 덮는 것을 밤처럼 하라
분노와 원망을 죽음처럼 하라
자신을 낮추고 겸허하기를 땅처럼 하라
너그러움과 용서를 바다처럼 하라
있는 대로 보고, 보는 대로 행하라

메블라나의 사상은 유럽에도 큰 영향을 끼쳤어요. 특히 16세기 르네상스 인문주의자 데시데리우스, 종교 개혁가 마르틴 루터, 17세기 화가 렘브란트, 18세기 작곡가 베토벤, 19세기 대문호 괴테 등이 루미 사상의 영향을 받은 유럽의 지성들로 알려져 있답니다.

해학과 기지의 웃음 철학자
# 나스레딘 호자 (Nasreddin Hoca, 1208~1284)

나스레딘 호자는 13세기 터키의 유명한 민중 철학자입니다. 익살스럽고 재미난 이야기꾼이기도 하지요. 그의 이야기는 《호자 이야기》로 전해 오는데 너무 유명하고 재미있어 이웃 아랍 국가에서도 다양한 이름과 버전으로 읽히고 있습니다.

나스레딘의 애칭이 된 호자는 터키어로 '선생'이라는 뜻이에요. 이슬람 사회는 일반적으로 엄격하고 술과 돼지고기를 먹는 것이 금지되어 있지요. 춤과 음악도 그다지 발달하지 못했습니다. 더욱이 남자와 여자는 함부로 섞이지도 못하지요. 딱딱한 사회 분위기에서 호자의 이야기는 웃음과 해학, 세상을 거꾸로 읽어 내는 통찰력을 주었답니다.

약하고 이기적인 인간의 모습, 순간적 어려움을 피해 가는 재치, 가슴을 저미게 하는 교훈과 질책도 들어 있습니다. 그래서 《호자 이야기》는 내용과 규모에서 그리스 시대 《이솝 우화》를 능가한다고 말하는 사람들도 있습니다. 세계 문학계가 《호자 이야기》를 동서를 꿰뚫는 인류의 대서사시로 평가하는 이유이기도 해요.

우화의 성격을 갖는 호자의 일화에 등장하는 인물은 멍청한 당나귀와 아내, 그리고 늘 만나는 이웃 사람들과 지나가는 나그네들입니다. 《호자 이야기》는 터키를 중심으로 중앙아시아 여러 나라에 널리 퍼졌으며, 아랍 국가에서는 《주하 이야기》로 소

《호자 이야기》의 등장인물들

《호자 이야기》는 평범한 서민들의 삶을 그린 대표적인 이슬람 문학이지.

개되기도 했어요.

　《호자 이야기》는 《아라비안나이트》와 함께 이슬람 세계의 삶을 알려 주는 대표적인 문학 작품인데, 《아라비안나이트》의 무대가 궁정이라면 《호자 이야기》는 우리 주변의 서민들이 주인공이라는 점에서 차이가 있어요.

이슬람 세계가 낳은 중세 대여행가
# 이븐 바투타 (Ibn Battuta, 1304~1368)

이븐 바투타는 이슬람 세계가 배출한 14세기 최고의 여행가이자 학자입니다. 서양인들의 여행기는 많이 알려져 있지요? 고대 그리스의 헤로도토스가 쓴 《히스토리아》, 중세 이탈리아인 마르코 폴로의 여행기, 20세기에는 남극을 발견한 아문센(1872~1928)과 아프리카를 탐험한 리빙스턴(1813~1873)의 여행기도 유명하지요.

그러나 이슬람 세계의 여행가로 인류 역사에 큰 업적을 남긴 인물도 적지 않습니다. 그 대표적인 인물이 중세 이슬람 세계가 낳은 대여행가 이븐 바투타입니다.

이븐 바투타는 1304년 북아프리카 모로코의 탕헤르라는 도시에서 태어났습니다. 그는 열심히 공부하여 법관이 되었고, 1325년 스물한 살 되던 해에 홀로 성지 순례를 하기 위해 집을 나서게 됩니다. 평생에 한 번 하느님의 집이 있는 메카를 방문하는 성지 순례의 꿈은 모든 무슬림들이 갖고 있는 인생의 목표이자 종교적인 의무이니까요.

여행에 나선 이븐 바투타는 북아프리카를 거쳐 이집트로, 다시 아라비아반도로 들어가서 마침내 메카에서 종교적 순례 의무를 다합니다. 그렇지만 그대로 고향에 돌아가지 않고 바그다드로 방향을 바꾸어 인류 역사에서 가장 길고 힘든 대여정을 시작하게 됩니다.

그는 이라크, 페르시아, 중앙아시아, 인도, 중국 등 무려 30년 동안 아시아·유럽·아프리카의 3대륙을 골고루 여행했어요. 그러면서

이집트에 간 이븐 바투타

자신이 보고 듣고 경험한 사실들을 정확하고 섬세하게 기록했답니다. 30년에 걸쳐 장장 12만 킬로미터에 이르는 대여정을 거쳐서 기록한 것이지요.

1345년 무렵에는 바닷길로 중국 남부 항구 도시 취안저우(천주)에 도착한 뒤, 육로로 베이징을 여행했고, 1349년 바닷길로 모로코로 돌아가게 됩니다. 그다음 그는 다시 아프리카 여행에 나서서 사하라 사막을 횡단해 나이저 강안에 도착했답니다.

모로코로 돌아온 다음, 그는 1355년 여행기를 완성하게 됩니다. 책 제목은 짧게 《이븐 바투타의 여행기》로 알려져 있지만 원래 제목은 '여러 지방과 희한한 일과 다양한 사실을 경험한 자의 진귀한 기록'입니다. 대여정을 마치고 귀향한 이븐 바투타는 1368년 모로코에서 세상을 떠났습니다.

이 여행기에는 당시 자신이 방문했던 지역의 음식, 음료, 복장, 관습, 도구, 민속 등에 대해 매우 훌륭한 내용을 전해 주고 있습니다. 따라서 당시 세상을 이해할 수 있는 소중한 기록이지요.

지금도 이슬람 세계에 가면 이븐 바투타의 이름을 딴 쇼핑몰이나 학교, 동상, 가게 이름, 거리 이름 등이 곳곳에 있어 그를 기리고 있는 것을 볼 수 있답니다.

이 쇼핑몰에는 이븐 바투타가 여행한 세계 여러 나라의 모습을 재현해 전시하고 있지.

아랍 에미리트의 두바이에 있는 이븐 바투타 쇼핑몰

### 이슬람권 최대의 시성
# 오마르 하이얌 (Omar Khayyām, 1048~1131)

오마르 하이얌은 이란 사람으로 이슬람 세계가 배출한 가장 위대한 시인이자 과학자입니다. 그는 뛰어난 수학자였을 뿐 아니라 천문학자, 철학자이기도 했지요. 기계와 지리학, 음악에 관한 글도 많이 남겼습니다.

오마르 하이얌은 당시 학문과 문명의 중심지였던 이란의 니샤푸르에서 태어나 그곳에서 천문학, 기하학, 철학 등의 학문을 골고루 공부했어요. 나중에는 중앙아시아의 부하라, 사마르칸트, 발흐 등의 도시로 가서 훌륭한 학자들과 교류하며 공부를 이어나갔지요. 특히 이슬람 세계 최고의 교육 기관이었던 바그다드의 니자미야 학원을 설립한 셀주크 터키 제국의 재상 니잠 알-물크와도 교류하면서 학식을 넓혀 나갔습니다.

천문학자로서 오마르 하이얌은 정확한 태양력을 만들기 위해 라이에 새로운 천문대를 세우고 연구에 몰두하여 '잘랄리(Jalali)력'을 완성했답니다. 이 역법은 20세기까지 이란에서 널리 사용되었는데, 그보다 500년 뒤에 나온 서양의 그레고리력보

천문학자인 오마르 하이얌의 모습을 보여 주는 우표

다 더 정확해서 3,770년에 오차가 하루밖에 발생하지 않는다고 해요. 1년의 길이를 365.24219858156일로 계산했는데, 오늘날 1년의 길이를 365.242190일로 계산한다는 점을 고려하면 놀라울 정도로 정확한 수치이지요.

나아가 그는 '파스칼의 삼각형'에 대한 이론을 발표했고, 유클리드의 기하학 이론을 발전시켰습니다. 그의 연구 내용은 뒷날 서구에서 번역되어 근대 과학이 탄생하는 데 단단한 밑거름이 되었어요.

오마르 하이얌은 뛰어난 시인이기도 했어요. '로바이'라고 하는 페르시아 문학 4행시를 주로 썼는데, 그 속에 이슬람의 신비주의인 수피즘, 그와 관련된 철학과 사상 등을 표현했답니다.

> 얼마나 더 많은 모스크, 더 많은 예배와 단식이 있어야 하나?
> 차라리 술 마시고 길거리에서 구걸하는 것이 낫지 않은가
> 하이얌, 와인을 마셔라
> 그러면 곧 흙으로 빚어진 너의 몸뚱아리가 술 컵을, 술병을
> 언젠가는 술 단지를 만들게
> 장미가 활짝 핀 소식을 듣게 될 그때,
> 그때가 바로 때이거늘, 내 사랑, 와인을 부어라
> 궁전이고 정원이고 천국이고 지옥이고
> 이건 다 지어낸 거짓말이니, 그 모든 것을 잊어버리게나

오마르 하이얌이 지은 책들은 라틴어로 번역되어 오랫동안 유럽의 주요 대학에서 교재로 사용되었고, 후일 유럽의 르네상스가 일어나는 원동력이 되었습니다.

- ★ 알라는 어떤 신인가요?
- ★ 수니파와 시아파는 뭐가 다른가요?
- ★ 왜 하루 다섯 번이나 예배를 하나요?
- ★ 예배는 어떻게 드리나요?
- ★ 라마단 단식은 무엇인가요?
- ★ 왜 목사님 같은 성직자가 없나요?
- ★ 성지 순례는 왜 하나요?
- ★ 우리나라에도 이슬람 신자들이 많나요?

더 알아볼까요? 이슬람의 위대한 예술가들

# 이슬람교에 대해 알아보기

# 알라는 어떤 신인가요?

이슬람에서 알라(Allah)는 네 가지 속성을 가지고 있습니다. 첫째 절대자이고, 둘째 전지전능하고, 셋째 유일신이고, 넷째 우주를 창조한 창조주입니다. 유대교나 기독교에서 말하는 하느님의 속성과 다르지 않지요? 따라서 알라라는 단어는 하느님을 아랍어로 표기한 것뿐이에요. 하느님을 나타내는 외국어로 인도어의 데바(Deva), 영어의 갓(God), 한자어의 유일신(唯一神), 라틴어의 데우스(Deus), 히브리 어의 야훼(Yahweh) 등이 있는 것처럼 아랍어로는 '알라'라고 불립니다.

터키의 한 모스크 벽에 쓰인 '알라'라는 글씨

이처럼 하느님을 나타내는 표

'알라'라고 쓰인 종교 표식

'알라'는 '하느님'을 나타내는 아랍어야.

'알라'라는 글자가 적힌 장신구

 기가 다를 뿐이기 때문에 아랍 지역에 사는 많은 기독교인들도 자신들의 하느님을 알라라고 부르고 표기하고 있답니다.

 그러므로 '알라신'이란 말은 '하느님 신'이란 뜻이니까 크게 잘못된 표현입니다. 이슬람의 신이 유일신이 아닌 다신교라는 오해를 불러일으킬 수 있기 때문입니다. 이제라도 알라의 개념을 제대로 알고 사용합시다.

# 수니파와 시아파는 뭐가 다른가요?

이슬람이라는 종교는 크게 수니파와 시아파로 나뉩니다. 같은 종교이지만 그렇게 나누어져서 서로 미워하고 싸워 온 역사가 깁니다. 이 갈등의 핵심은 이슬람의 마지막 예언자 무함마드의 후계자 논쟁입니다. 부족 사이의 합의로 선출한 지도자의 정통성을 인정하자는 것이 '수니파'이고, 무함마드의 혈통을 중시하려는 것이 '시아파'입니다.

**수니파는 뭐고, 시아파는 뭐야?**

**수니파**
혈통이 아닌 부족의 협의로 지도자를 정하자는 쪽

**시아파**
무함마드의 혈통을 후계자로 정하자는 쪽

무함마드는 병을 앓다가 632년 결국 후계자를 정하지 못하고 죽습니다. 어떻게 후계자를 뽑을지를 놓고 제자들끼리 사납게 논쟁한 끝에 부족 대표자들이 모여 만장일치로 후계자인 칼리프를 선출했습니다. 칼리프는 종교적 권위와 정치적인 권한을 동시에 가진 최고 지도자입니다. 그렇게 무함마드의 추종자였던 아부 바크르, 우마르, 우스만이 차례로 칼리프가 되었습니다.

그런데 무함마드에게는 외동딸인 파티마가 있었습니다. 파티마와 결혼한

**무함마드의 사촌 동생이자 사위인 알리**
무함마드의 혈통인 알리가 후계자가 되었지만 반대파들에게 죽자,
수니파와 시아파의 갈등은 더욱 커졌어요.

알리는 무함마드의 사촌 동생이자 사위였지요. 그러니 알리가 무함마드의 유일한 혈통인 셈이었어요. 당시 유일한 예언자 무함마드의 혈통인 알리가 칼리프가 되어야 한다고 생각한 사람들이 많았습니다. 기회를 번번이 놓친 알리는 드디어 656년 네 번째 칼리프가 되었습니다. 하지만 알리는 5년도 되지 않아 661년 반대파에 의해 살해되고 말았습니다. 예언자 무함마드의 유일한 혈통인 알리의 죽음은 극단적인 분노와 적개심을 불러일으켰습니다.

무함마드와 알리를 추종했던 사람들이 메카를 떠나 지금의 이라크 바그다드 쪽으로 이주했고, 이들이 시아파가 됩니다. 시아파는 메카에서 떨어져 나온 무리라는 의미를 가지고 있습니다. 반면 메카에 남은 무리들은 스스로를

**이라크 카르발라에 있는 알리 신사**
이라크 카르발라에서 알리의 두 아들까지 죽으면서 수니-시아파 사이의
갈등은 극단적인 복수와 원한이 되었어요.

아흘리 순나, 즉 정통 순나(예언자 무함마드의 가르침과 길을 따르는 것)가 되었습니다. 하지만 그 뒤 알리의 두 아들이자 예언자 무함마드의 외손자인 하산과 후세인마저 680년 이라크 바그다드 근교의 카르발라에서 반대파들에게 무참하게 살해당하고 말지요. 이 일로 극단적인 복수와 원한이 생기고 말았습니다. 수니-시아파 갈등의 역사적 배경이지요.

시아파들은 무함마드 이후의 세 칼리프인 아부 바크르, 우마르, 우스만을 칼리프가 아닌 찬탈자로 여겼으며, 무함마드 이후의 정통 승계권자를 알리로 보았습니다. 그렇게 시아파는 이란을 중심으로 이라크, 바레인 등 전체 이슬람 세계의 약 10퍼센트를 차지하고 있습니다. 알리의 후손들을 믿고 따르지요.

수니파는 이맘을 예배 인도자로만 생각하지만, 시아파는 이맘을 신의 대리인으로 받들지.

　수니파와 시아파의 가장 큰 차이는 이맘에 대한 생각입니다. 수니파는 '이맘'을 성직자로 인정하지 않고 단순히 예배 인도자의 역할로만 생각합니다. 하지만 시아파의 이맘은 신의 대리인으로서 절대적인 성직의 위치를 차지합니다. 무함마드에 대해서도 수니파는 그가 원래 무지한 인물이었으며, 신의 선택을 받아 계시를 《꾸란》으로 정리해 인간에게 전달한 훌륭한 인간 예언자로 봅니다. 반면 시아파는 무함마드가 높은 학식을 소유했던 완전무결한 존재였으며, 신적 속성을 가졌던 특별한 사람이었다고 주장합니다.

　무함마드의 정통 혈통만을 이맘이라 부르는 시아파는 873년, 12대 이맘 무함마드 알-문타자르 시대에 와서 끝이 납니다. 대가 끊긴 것이지요. 그것을 인정할 수 없었던 시아파들은 일종의 **메시아**인 '마흐디(Mahdi) 사상'을 도입하여 12대 이맘은 죽지 않고 은둔했으며, 그는 언젠가 마흐디로 **재림**할 것이라는 교리를 세우게 됩니다. 수니파의 마흐디는 최후 심판의 날에 등장하지만, 시아파 이맘의 재림에는 그 날짜가 분명하지 않습니다.

　12대 이맘파는 시아파의 주류이지만, 몇 대 이맘까지를 정통으로 볼 것인가를 두고 또 여러 분파가 생깁니다. 그중 7대 이맘파가 중요한데, 이들은 흔히 이스마일파로도 불립니다. 이스마일파의 가르침에는 점성술과 연금술, 유대교의 신비 철학, 신플라톤 사상들이 복합적으로 혼재되어 있어 일찍부터 이슬람 정통파들에게서 배척당했습니다. 그 밖에도 시아파 분파들은 이슬람 세계 각지에서 반대파 암살 활동으로 악명을 떨친 아사신파, 드루즈파(레바논), 알라위파(시리아), 카와리지파 등 다양한 이론과 신념으로 갈라져 자신들의 영역을 지키고 있습니다.

종교 축제에서도 두 파는 차이가 있습니다. 특히 시아파는 알리의 차남 후세인이 반대파에게 살해당한 680년 '무하람(Muharam) 달(이슬람력 1월)' 10일을 크게 기념합니다. 이때는 애도 주간으로 자신의 몸을 채찍으로 후려치는 참회 의식을 중요하게 치릅니다. 그러나 수니파는 시아파가 알리와 후세인에 대한 그릇된 종교 의식을 강요한다고 비난하지요.

이처럼 수니파와 시아파는 차이가 많지만, 대부분 무슬림들은 두 종파를 하나의 종교로 인정하고 서로 결혼하거나 비즈니스를 함께 하며 공존하는 길을 가고 있습니다. 또 《꾸란》과 예언자 무함마드의 언행록인 〈하디스〉라는 이슬람의 가장 기본적인 종교적 믿음과 교리를 공유하고 있습니다. 그런 점에서 오늘날 수니-시아파의 문제는 교리 논쟁이라기 보다는 이를 정치적으로 악용하면서 편 가르기를 하려는 정치 세력의 목표와 더 큰 관련이 있습니다. 이 문제가 갈등의 본질이라고 할 수 있지요.

수니파와 시아파는 서로 다르지만 대부분 무슬림들은 모두가 하나임을 인정하고 있어.

- **메시아** 초인간적인 지혜로 다스리는 왕
- **재림** 다시 온다는 뜻

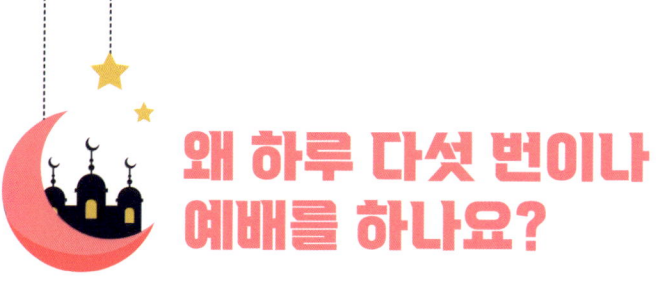

# 왜 하루 다섯 번이나 예배를 하나요?

이슬람의 예배는 크게 두 부분으로 나뉩니다. 하나는 개인 예배이고, 다른 하나는 집단 예배이지요. 개인 예배가 자신의 개발을 위한 것이라면, 집단 예배는 사람들을 강력하게 단결시키기 위한 것입니다.

개인 예배는 가정이나 직장, 여행 중에는 자동차나 비행기 속에서도 자유롭게 볼 수 있습니다. 집단 예배는 모스크(이슬람 성원) 근처에 사는 사람들이 하루 다섯 번씩 함께 모여 하느님께 경배를 드리는 것입니다.

예배는 인간이 직접 신을 만나는 시간입니다. 하느님께 죄를 용서받고 새로운 용기를 얻는 매우 소중하고 신성한 의무이지요.

매일 모이는 예배에서는 이웃끼리만 만나지만 합동 예배를 드리는 매주 금요일이면 모든 무슬림이 함께 모이게 됩니다. 이렇듯 예배는 다른 지역에 사는 사람들끼리 만날 수 있는 계기를 마련해 줍니다.

집단 예배에서 가장 중요한 점은 계층의 차이가 없다는 것입니다. 모스크 안에 들어서면 모든 무슬림들은 평등과 사랑의 분위기를 느끼게 됩니다. 왕이건 신하이건 화려한 옷을 입은 부자이건 넝마를 걸친 거지이건 백인이건 흑인

**《꾸란》의 첫 장인 개경장**
무슬림들은 하루 다섯 번 예배하는 시간에 꼭 이 장을 외우며 이슬람이 전하는 평화의 가르침을 되새겨요.

이건 모두가 나란히 서서 동등하게 여겨집니다.

왕이나 부자라고 해도 신 앞에 엎드리다 보면 자기 앞줄에 앉은 노예나 거지의 발꿈치 쪽에 머리를 두게 됩니다. 세상에서 이보다 더 큰 평등은 없겠지요?

하루에 예배 다섯 번을 통해 평등과 우애와 사랑이 인류 행복의 진정한 근본임을 깨닫게 됩니다. 그러므로 예배에 들인 시간은 결코 헛된 것이 아니지요. 예배 한 번이 약 10분이므로, 하루 약 50분 정도밖에 걸리지 않습니다. 매일 다섯 번씩 집단 예배를 한다는 것은 무엇보다도 이슬람의 바탕이 되는 평등과 형제애의 가르침을 실행한다는 것을 의미합니다.

또 이슬람교에는 안식일이 없습니다. 기독교처럼 예배를 위한 어떤 날 하루가 따로 정해져 있지 않지요. 예배는 생활 속의 한 부분이니까요. 아침 해 뜨기 전에 잠에서 깨어나서 하는 첫 번째 예배가 있고, 두 번째는 정오를 넘긴 낮에, 세 번째는 오후에, 네 번째는 해가 질 때쯤, 그리고 잠자리에 들기 전에 다섯 번째 예배를 드립니다. 무슬림에게는 예배가 하루의 시작이자 끝이고 그들의 생활 시계인 셈이지요.

예배는 아주 바쁠 때라도 잠깐 세상일로부터 자신을 비우고, 하느님을 생각하는 시간입니다. 이처럼 무슬림들에게 다섯 번의 예배는 하루 세끼의 밥처럼 필수적인 부분이랍니다.

옆 사람과 어깨를 맞대고 나란히 엎드려서 예배를 드리는 무슬림들

## 예배는 어떻게 드리나요?

이슬람의 예배 방식에는 몇 가지가 있습니다.

첫째, 예배를 보기 전에 손발과 얼굴을 씻는 '우두'라는 의식을 합니다. 하느님 앞에 서기 위한 청결 의식이라 할 수 있지요. 예배 전에 손, 입안, 콧속, 얼굴, 팔, 머리, 발을 닦습니다. 이 우두는 하루 다섯 번의 예배를 볼 때마다 하는 것은 아니고, 몸이 더러워졌을 때만 합니다.

우두를 하고 모스크 안으로 들어서면 '키블라'라고 부르는 메카 방향을 향해 서서 예배를 봅니다. 모든 신자들은 '하느님의 집'이라고 불리는 사우디아라비아의 메카에 있는 카바 신전을 향해 절을 합니다. 우선 똑바로 선 채로 두 팔을 배꼽 위에 포개고, 《꾸란》의 주기도문을 외운 다음 허리를 굽혀 무릎 위에 손을 놓았다가 다시 일어서고 바닥에 엎드려 이마와 코를 땅에 닿도록 절하는 행위를 반복합니다.

예배의 목적은 신의 존재를 깨닫고 신에게 최대한의 겸손을 표시하기 위한 것입니다. 우두(세정), 정중하게 선 자세, 허리 굽혀 절하기, 땅에 앞이마를 대고 무릎 꿇고 절하기, 공경하는 자세로 앉기 등 모든 것이 신의 존재를 사실

예배는 하나님을 만나는 경건한 시간이며, 무슬림의 가장 중요한 의무야.

메카 방향(키블라)을 향해 예배를 보는 무슬림

예배하기 전에 손발과 얼굴을 씻는 우두 의식

로 깨닫도록 도와줍니다.

예배는 신과 인간이 만나서 서로 대화를 하고 영적으로 만나는 시간이기 때문에 잡념 없이 집중합니다. 예배자는 말뿐만이 아니라 온몸으로 예배하는 자세를 함으로써 하느님에게 영광을 드리는 기쁨을 알게 됩니다. 그러므로 겸허한 정신이 온몸의 자세에서 이미 배어 있어야 하지요. 예배 동작 하나하나가 장엄하고 진지한 일이어서 예배자는 다른 것에 주의를 돌려서도 안 되고, 자세를 흐트러뜨리거나, 주의가 산만해서는 안 됩니다.

예배는 하느님을 삶의 한가운데로 모셔 와 하느님과 함께 매일매일을 살아가는 과정으로 이슬람에서 가장 중요한 의무예요. 이 예배 덕분에 이슬람 사회에서는 범죄가 상대적으로 덜 일어나며, 사람들은 매우 도덕적인 삶을 산답니다.

## 라마단 단식은 무엇인가요?

매년 라마단 달이라고 불리는 이슬람력 9월에 무슬림들은 한 달간 단식을 합니다. 이슬람의 5대 종교 의무 중 하나이기 때문이지요. 무조건 굶을 수는 없으니까 해가 떠서 해가 질 때까지 낮 동안 어떤 음식이나 물도 마시지 않는답니다.

왜 이런 힘든 일을 매년 한 달씩 반복할까요? 이슬람이 가진 자와 가난한 자, 힘이 있는 자와 사회적 약자 모두가 똑같은 조건에서 함께 금식함으로써 소수자, 약자, 가난한 자의 배고픔과 억울함을 모두가 몸소 체험하고 서로 돕고 나누는 공동체 의식을 이룰 수 있다는 믿음에서입니다.

라마단이 시작되면 밤마다 부자들이 텐트를 치고 가난한 사람들을 위해 파티를 엽니다. 부자들이 직접 앞치마를 두르고 음식을 대접하는 장면을 시내 곳곳에서 볼 수 있지요. 진정한 나눔이란 말로 하는 것보다는 힘든 이웃과 함께하는 행동과 체험이라고 생각하기 때문입니다.

라마단 달이라도 물론 해가 진 다음에는 마음껏 먹을 수 있습니다. 또한 임산부나 환자, 어린이나 노약자들은 단식이 면제됩니다. 사정이 있어서 단식

**라마단 단식**
이슬람력 9월이 되면 무슬림들은 한 달간 단식하며 어려운 사람들을 생각하고 공동체 의식을 길러요.

을 지키지 못한 경우에는 라마단이 끝난 다음에 적당한 날을 다시 잡아 단식을 하지 못한 날을 채우면 됩니다.

  단식이 끝난 뒤에는 일주일 정도 성대한 축제를 벌입니다. 이들 피트르라 불리는 이슬람 세계 최대의 종교 축제입니다. 우리나라의 추석이나 설과도 비슷하지요. 새 옷을 갈아입고 모스크에 가서 축제 예배를 드린 다음, 서로 선물을 주고받지요. 친척 집을 방문하고 맛있는 음식을 만들어 가족끼리 나누어 먹습니다. 도시에 사는 사람들은 고향에 계신 부모님이나 친구들을 만나러 대이동을 하기도 합니다.

**이들 피트르 기간에 준비하는 음식 상자**
어려운 사람들을 위해 상자에 음식을 담아 나누어 주기도 해요.

축제 기간에는 많은 사람들이 희사를 합니다. 희사는 돈을 내놓는 것을 말하지요. 이때는 1년 중 희사금이 가장 많이 걷히는 기간입니다. 배고픔과 고통을 직접 겪은 다음에 어려운 사람들을 위해 기꺼이 자신이 가진 것을 내놓기 때문입니다.

희사에는 두 가지가 있습니다. 하나는 '자카트'라고 하는데 자신이 버는 돈의 2.5퍼센트, 즉 1/40을 종교세로 내는 것입니다. 무슬림이라면 누구나 내야 하는 종교세 의무입니다. 또 하나는 '사다카'라고 불리는 순수 희사금입니다. 이것은 액수에 상관없이 자유롭게 희사하면 됩니다. 이 돈은 와카프라는 종교 자선 재단으로 가서 사회 복지, 서민들을 위한 위생, 주거, 장학 사업 등에 사용됩니다.

이슬람 사회에서는 전쟁이나 재해가 일어나도 사람들이 굶어 죽었다는 뉴스를 잘 볼 수 없습니다. 중앙 정부가 무너지거나 역할을 하지 못해도 각 마을 단위로 이러한 자선 재단인 와카프가 잘 발달되어 있기 덕분입니다. 오늘날 많은 이슬람 국가에서 와카프 재산은 국고에 귀속되어 종교성이 관리하고 있습니다.

이슬람의 단식과 희사 제도는 사람들이 서로를 도우며 하나가 되게 해.

# 왜 목사님 같은 성직자가 없나요?

이슬람에는 성직자가 없습니다. 이 점이 다른 종교들과 다르지요. 절에는 스님이 있고, 교회에는 목사님, 성당에는 신부님이 있지요. 하지만 이슬람은 인간과 하느님 사이에 어떤 중재자나 중간자도 인정하지 않아요. 무슬림들은 중간 단계를 거치지 않고 언제나 하느님과 직접 대화하는 것을 좋아합니다.

이슬람에서는 인간이 모두 착하게 태어난다고 믿기 때문에, 원죄를 지은 인간을 대신해서 십자가에 못 박히는 예수님 같은 존재가 필요 없습니다. 사람들은 다만 열심히 기도하고 예배를 드리면서 매일같이 하느님을 만납니다. 좋은 일을 많이 해서 최후의 심판 일에 천국에 가고, 구원을 받으려고 노력합니다.

특히 이슬람은 민족과 피부색, 언어에 따른 차별을 인정하지 않고 하느님 앞에서 모든 사람의 평등을 매우 강조하기 때문에 어떤 성직 계급도 없는 것이지요.

그러므로 무슬림들은 자라면서 이슬람을 체계적으로 배우며, 누구나 선교사나 종교 교육자로 일할 수 있습니다.

이슬람 종파 중 시아파에서만 이맘을 예배를 이끄는 역할을 넘어서서 하느님의 대리자로 높게 평가해.

**한 모스크에서 예배를 이끄는 이맘**
이슬람에는 성직자가 없어요. 예배를 이끄는 이맘은 누구나 될 수 있지요.

성직자가 없는 대신 '이맘'이라는 사람이 예배할 때 맨 앞에서 예배를 이끄는데, 무슬림 남성들은 성인이 되면 누구나 이맘이 될 수 있습니다. 가난하거나, 젊은 사람이거나, 못 배운 사람이거나 누구나 말이지요.

이슬람은 수니파와 시아파, 두 개의 종파로 나누어진다고 앞서 말했지요. 그중 수니파가 전체 이슬람교도의 90퍼센트 이상을 차지합니다. 이맘을 매우 높게 평가하는 것은 시아파에서만입니다. 하느님의 대리자로서 잘못을 범하지 않는 최고의 인격체로 받아들이지요. 그래서 시아파의 나라인 이란에서는 1979년 이슬람 혁명을 성공시킨 **호메이니**에게 이맘이라는 칭호를 붙여 존경하고 있답니다.

> **호메이니(1900~1989)** 이란의 종교가·정치가. 1979년 이슬람 혁명을 성공시켜 이란 이슬람 공화국을 세웠어요. 그 뒤 1989년까지 국가의 최고 지도자로 이란을 통치했어요.

# 성지 순례는 왜 하나요?

이슬람 신자들은 평생에 한 번, 성지가 있는 사우디아라비아의 메카를 순례합니다. 이것은 《꾸란》에 정해 놓은 신자들의 의무입니다.

매년 신자 200만 명 이상이 세계 각지에서 메카로 와서 자신의 신앙을 갈고 닦습니다. 메카에는 '카바'라고 하는 검은 천으로 둘러싸인 정육면체의 신전이 있습니다. 이곳은 원래 이슬람 이전에 우상을 모시던 신전이었는데, 예언자 무함마드가 우상들을 부수고 이곳을 하느님의 집으로 바꾸었지요. 그래서 이곳은 신자들이 평생에 한 번 하느님의 집을 방문해서 하느님을 만난다는 깊은 의미를 가집니다.

카바 신전을 일곱 번 돌고, 그 옆의 '마르와' 동산과 '사파' 동산을 걷고 뛰면서 일곱 번 왕복하고, 아라파트 지역에 머물면서 그 밖의 순례 의식을 하는 것이 바로 무슬림들의 성지 순례입니다.

이 순례는 재정적, 정신적, 신체적으로 능력 있는 무슬림에 한해서 일생에 한 번 이상 하는 것이 의무로 되어 있지요. 돈이 없거나 건강이 나빠 순례를 못하는 신자들은 다른 선행을 많이 해서 이 의무를 채울 수 있습니다.

사우디아라비아 메카의 카바 신전에 순례를 온 무슬림들

평생에 한 번, 메카를 순례하는 게 무슬림의 중요한 의무야.

순례는 몸과 마음이 하나가 되는 신앙생활입니다. 또 인종, 국경, 신분 등의 차이를 떠나 전 세계의 모든 무슬림 신도가 한곳에 모인다는 점에서 가장 큰 신앙 집회이며, 정보를 나누는 장이기도 하지요.

성지 순례에 나선 무슬림들은 젊은 사람이건 나이든 사람이건, 잘살건 못살건, 창조주이신 하느님의 부름에 응하여 같은 모양과 색깔의 성지 순례 옷을 입습니다. 이를 '이흐람'이라고 부릅니다. 같은 모양의 옷을 입음으로써 모두가 하나라는 형제애를 느끼게 되지요.

또 죄악으로부터 영혼을 깨끗이 하고 자신의 영혼이 다음 세상에서 하느님의 은혜를 받을 준비를 하는 것이기도 합니다. 순례를 마친 사람은 '하지'라는 칭호를 붙여 존경의 대상으로 삼는답니다.

# 우리나라에도 이슬람 신자들이 많나요?

우리나라에도 한국인 이슬람 신자들이 꽤 있습니다. 숫자로는 4만 명 정도 된다고 해요. 외국인 노동자로 우리나라에 들어와 있는 이슬람 사람들도 약 15만 명 가까이 됩니다. 한국인과 결혼해 사는 무슬림도 늘고 있고요.

우리나라 이슬람의 시작은 한국 전쟁 때로 거슬러 올라갑니다. 유엔군으로 전쟁에 참가한 터키군을 통하여 처음 선교가 이루어졌고, 한국 이슬람 공동체의 바탕이 되었습니다. 1970년대에 들어서는 많은 한국인들이 중동의 건설 현장에서 일하면서 이슬람을 접하게 되었습니다. 특히 석유가 중요한 자원으로 떠오르면서 이슬람권에 대한 관심과 투자가 집중되었지요. 그 외에도 한국인 무슬림들은 학자, 학생, 전문가, 노동자, 무역업자 등을 중심으로 다양하게 분포되어 있습니다.

지난 40년간 이슬람 지역에서 일한 우리나라 사람이 100만 명을 넘어섰습니다. 지금 서울에만 이슬람권 나라의 대사관 숫자가 20여 개나 되지만 이슬람권을 제대로 연구하는 전공자의 수는 무척 적습니다. 이것은 아직까지 우리가 서양 중심의 눈으로만 이슬람을 바라보고 있다는 것을 사실을 알려 줍니다.

 '모스크'는 이슬람의 교회당입니다. 우리나라에서는 '이슬람 성원'이라 부르지요. 서울 용산구 한남동에 있는 서울 중앙성원은 1976년에 완성된 한국 최초의 이슬람 성원입니다. 이슬람 성원은 서울 이외에도 부산, 경기도 광주와 파주, 전주, 안양, 대구 등 전국에 25여 개가 있답니다.

**우리나라의 모스크인 서울 중앙성원**
우리나라에서 최초로 세워진 이슬람 성원으로, 서울 한남동에 있어요.

# 이슬람의 위대한 예술가들

이슬람이 어떤 종교인지 잘 알아보았나요? 2장을 마무리하며 이슬람 세계를 이끈 위대한 예술가들에 대해 더 공부해 봐요.

### 이슬람 세계 최초의 노벨 문학상 수상자
## 나기브 마흐푸즈 (Naguib Mahfouz, 1911~2006)

1988년은 그동안 노벨 문학상을 독점하던 서구와 미국의 작가들을 제치고, 이집트의 현대 문학 작가인 나기브 마흐푸즈가 수상의 영광을 차지한 해였습니다. 이슬람 세계 최초의 노벨 문학상이었지요.

나기브 마흐푸즈는 이집트의 수도 카이로에서 태어났어요. 그는 청소년기에 들어서며 탐정 소설을 즐겨 읽었습니다. 그 뒤 마흐푸즈는 톨스토이, 도스토옙스키, 프루스트, 체호프, 모파상, 카프카, 조이스, 셰익스피어 등 세계적인 작가들의 대표작과 다른 수많은 책을 읽으며 서구의 철학과 다양성에 큰 관심을 기울이게 되었습니다. 그리고 후일 그의 작품에서 이슬람의 전통에 갇히지 않는 다양한 사상들을 적극적으로 표현했답니다.

그의 첫 작품은 《광기의 속삭임》이에요. 28편의 단편을 담은 이 모음집에서 마흐푸즈는 억압받는 민중의 삶을 묘사하며 자신의 사회주의 신념을 보여 주었지요. 그 가운데 〈포로의 옷〉은 순진한 주인공이 전쟁터인 이집트에서 포로의 옷을 담배 두 갑을 주고 사서 입고 가다가 외국어를 못 알아들어 총에 맞아 죽는 비극적인 이야기입니다. 그 뒤에는 《알 칸 알 칼릴리》, 《미다크 골목(1947)》, 《신기루(1948)》, 《시작과 끝(1949)》, 《도적과 개들(1961)》을 발표합니다.

무엇보다 마흐푸즈의 대표작이라 할 수 있는 것은 《3부작(1956~57)》입니다. 이 작품에서 마흐푸즈는 우리나라 작가 박경리의 작품 《토지》처럼 이집트 카이로에 사는 한 가족이 제1~2차 세계 대전을 거치며 이어 온 30년 역사를 보여 줍니다. 이를 통해 이집트의 장엄한 현대사를 풀어헤쳤답니다. 작품의 길이와 내용의 방대함으로 마흐푸즈는 이집트는 물론 아랍 세계에서 독보적인 스타 작가가 되었지요..

마흐푸즈는 철저한 작가 정신으로 표현의 자유를 옹호했으며, 이스라엘과의 평화를 주장했던 평화주의자였습니다. 영국의 작가 살만 루시디가 이슬람을 모독하는 〈악마의 시〉를 발표해 1989년 이란의 종교 지도자 호메이니에게 종교적 사형 선고를 받자 끝까지 그를 위해 투쟁하기도 했지요. 물론 신성 모독적인 살만 루시디의 행동이나 작품에는 동의하지 않았지만, 문학 작품에서 표현의 자유는 누구도 간섭할 수 없다는 준엄한 작가 정신을 지킨 것이었습니다. 그 때문에 그는 이슬람 급진주의자들의 표적이 되었고, 오른손 신경이 마비되는 부상을 입기도 했습니다.

그는 아랍 여자 가수인 '움 쿨숨'의 노래를 즐겨 들으며, 아흔 살을 넘기고도 많은 젊은 문학가들과 나일강가에 모여 문학에 대해 이야기 나누기를 즐겼습니다. 그러나 안타깝게도 2006년 한 극우파 청년의 칼에 찔려 아깝게 목숨

이집트의 문학가인
나기브 마흐푸즈를 기념하는 우표

을 잃고 말았어요.

　95년간 50권이 넘는 소설과 350여 편의 단편, 수십 편의 시나리오, 5편의 희곡 작품을 남긴 그는 아랍 세계를 대표하는 작가로 지금도 기억되지요.

### 이슬람과 서구의 경계를 절묘하게 그려 낸 노벨 문학상 수상자
## 오르한 파묵 (Orhan Pamuk, 1952~)

　오르한 파묵은 이슬람권에서는 나기브 마흐푸즈에 이어 두 번째로 노벨 문학상(2006)을 받은 터키의 소설가입니다. 하지만 그는 이미 오래전부터 가장 주목받는 젊은 작가로서 탁월한 소설을 발표해 왔지요. 출간되자마자 곧바로 베스트셀러가 될 정도였고, 전 세계 언어로 번역되기도 했어요. 지금까지 그의 작품은 50개 이상의 언어로 번역되어 약 7백만 부 이상이 팔렸답니다. 그는 2005년도 미국의 대표적인 시사 잡지인 〈타임지〉가 선정한 가장 영향력 있는 100명에 선정되었고, 다른 여러 잡지에서도 세계 100대 지식인에 뽑히기도 했습니다.

　터키 이스탄불의 비교적 부유한 집안에서 태어난 오르한 파묵은 명문 이스탄불 공대에 들어갔으나 자퇴하고 저널리즘을 공부했습니다. 그의 첫 소설은 미국에 머물면

서 완성한 《제브데트 씨와 아들들(1982)》이었지요. 이 책은 이스탄불 중심가에 사는 부유한 한 가족의 3대를 그린 작품으로 소설가로서 파묵의 이름을 널리 알리게 했답니다.

　1985년에 그는 《하얀성》을 발표하면서 국제적인 소설가 상을 휩쓸기 시작했고, 미국 〈뉴욕타임스〉 서평에서 '동방의 떠오르는 새 별'이라는 극찬을 받기도 했어요. 2000년에는 《내 이름은 빨강》

이슬람권의 대표 작가 오르한 파묵의 작품들은 세계적으로도 유명해졌어.

서점에 진열되어 있는 오르한 파묵의 책들

을 발표하면서 세계적인 소설가로 발돋움하였고, 이 작품으로 2006년 노벨 문학상을 받게 되었답니다. 《내 이름은 빨강》은 17세기 새롭게 서구를 받아들여야 하는 오스만 터키의 전환기에 지식인들, 특히 화가들이 헤쳐 가야 할 험난한 길을 인간적인 고뇌와 숨겨진 수수께끼를 통해 풀어 나간 작품입니다. 서양과 동양, 이슬람과 기독교, 신과 인간의 시선, 전통과 개혁, 사람과 자연, 산 자와 죽은 자, 이런 것들이 때로는 하나가 되고 때로는 대립하는 이야기는 혼란스런 시대를 살아가는 모든 사람들에게 공감대를 불러일으킵니다.

그의 작품에 늘 드러나는 주제 의식은 두 문명과 시대의 만남과 갈등입니다. 이스탄불은 동양과 서양이라는 두 세계가 서로 만나 조화를 이루기도 하고, 갈등과 충돌을 겪기도 한 역사를 가진 특별한 도시입니다. 그의 작품들은 이곳에서 나서 자란 그가 온몸으로 체득한 삶의 철학이고 경험이기도 하지요.

그는 외국 문화가 터키의 전통과 만나면서 변화하는 모습을 그려 내면서, 동서양이 만나는 이스탄불이라는 용광로에서 생겨나는 만남과 융합, 갈등과 연민, 안주와 변신 등을 우리 모두의 이야기로 담아내는 데 성공했답니다. 바로 그것이 세계인을 감동시킨 힘이었지요.

비판 의식을 가진 뛰어난 작가들이 그러하듯이 오르한 파묵도 터키 정부와 사이가 나빠져 터키보다는 미국과 해외에 더 많이 체류하면서 좋은 소설을 계속 써 가고 있답니다.

전설적인 아랍 여가수
# 움 쿨숨 (Umm Kulthum, 1904~1975)

아랍에서 어떤 대통령이나 위인들보다 존경받고 사랑받는 인물이 있습니다. 바로 이집트가 낳은 아랍의 전설적인 여자 가수 움 쿨숨이지요. 그녀가 떠난 지 45년이 지났지만 아직도 아랍인들의 가슴속에는 그녀에 대한 향수와 노랫가락이 신화처럼 넘쳐흐르고 있답니다. 그녀의 콘서트나 생애가 드라마로 방영되는 시간이 되면 아랍 세계가 지금도 그녀를 간곡하게 그리워하고 있음을 알게 됩니다. 참 놀라운 일이에요. 어떤 아랍 지도자도 이루지 못했던 아랍의 정서적 통일을 움 쿨숨이 해냈으니까요.

이집트 수도 카이로 시내의 자말렉 거리에는 움 쿨숨이 살던 집터가 있는데, 그곳 도로 이름은 그녀의 이름을 따서 지었고, 그녀의 동상까지 세워져 있답니다. 2001년 1월에는 이집트 정부가 움 쿨숨을 위해 '동방의 스타 박물관'을 세우기도 했어요. 카이로의 옛 궁전 언덕에 자리 잡은 박물관에는 움 쿨숨의 개인 소장품에서부터 레코드 음반, 그녀의 심벌마크였던 검은색 선글라스, 스카프, 공연 사진 들이 전시되고 있습니다.

아직도 아랍 길거리나 카페에서는 움 쿨숨의 묵직하고 심금을 울리는 노랫소리를 쉽게 들을 수 있어요. 특히 아랍의 짙은 향수와 영혼을 담은 그녀의 노래, 〈알 필릴라 왈릴라(Alf Leila wa Leila, 천일 야화)〉는 모든 아랍 사람들이 즐겨 듣는 대표곡입니다. 그녀의 음량은 여성 최저음인 콘트랄토인데, 제2옥타브 저

음악으로 아랍인들을 감동시키고, 이슬람을 하나로 만든 대단한 가수야.

이집트 카이로의 움 쿨숨이 살던 집터에 세워진 동상

음에서 제7~8옥타브 고음까지 자유자재로 노래하는 뛰어난 가수였어요. 1초에 약 14,000바이브레이션을 구사하는 그녀는 누구도 흉내 낼 수 없는 음량과 음색으로, 거의 마이크를 쓰지 않고도 공연을 할 수 있었다고 합니다.

움 쿨숨은 유럽에도 널리 알려져서 밥 딜런, 마리아 칼라스, 장폴 사르트르, 살바도르 달리 같은 명사들도 그녀의 팬이었다고 해요.

1975년 그녀가 세상을 떠났을 때에는 300만 명이 넘는 이집트 국민들이 모두 거리로 나와 슬퍼하며 마지막 가는 길을 애도했을 정도로 아랍인들의 가슴에 깊이 살아남아 있는 유명한 가수랍니다.

그 외에도 유명한 아랍의 가수들이 많아요. 레바논의 가수 파이루즈 역시 많은 팬에게 사랑받고 있어요. 이집트 출신의 아므르 디아브(Amr Diab)도 있어요. 아랍 음악과 유럽 음악을 조화시켜 새로운 '지중해 음악'이라는 장르를 개척했지요. 그의 노래가 2014년 세계 음악 순위인 빌보드 차트 1위에 오르면서, 오늘날 가장 유명한 아랍 가수로 널리 알려졌어요.

페르시아의 영상 마술사
# 압바스 키아로스타미 (Abbas Kiarostami, 1940~)

압바스 키아로스타미는 이란이 낳은 세계적인 영화감독입니다. 우리나라에서도 〈내 친구의 집은 어디인가〉라는 영화가 커다란 찬사를 받았어요. 이 작품은 1989년 스위스의 로카르노 영화제 최고상인 청동표범상을 수상하기도 했어요. 평범한 한 주인공 소년의 시선과 달리기하는 모습만을 가지고도 수많은 메시지를 담아 영화의 새로운 가능성을 보여 주었기 때문이에요.

그는 이슬람 혁명이나 테러 이미지로 흔히 떠올리는 지역인 이란이라는 곳에서 놀라운 영화를 만들어 내어 영상 마술사라고 불립니다. 판에 박힌 서구식 영화가 아닌 독특한 이란식 영화라는 게 더 신선했지요.

그는 만드는 영화마다 국제 영화제에서 수상을 했고, 1990년대에 들어와서는 세계적인 주목을 받게 되었답니다. 그는 현란한 기술로 볼거리를 제공하는 할리우드 영화와는 아주 다른 영화를 만들었어요. 큰돈이나 거대한 세트장이 없어도, 유명 배우들을 쓰지 않아도, 자연스러운 영상을 연출해 내어 관객들을 감동시켰습니다. 제작비가 적어서 좋은 영화를 만들지 못한다는 말은 그 이후로 사라지게 되었지요.

키아로스타미는 1940년 이란의 테헤란에서 태어났습니다. 어려서부터 그림 그리기를 좋아해 열여덟 살에 미술 공모전에서 수상한 적이 있

고, 테헤란 대학에서도 미술을 공부했지요. 영화를 만들기 전에는 150편이 넘는 광고 필름을 만들기도 했습니다. 그 뒤 1970년 〈빵과 골목〉이라는 영화를 시작으로 20여 편의 서정적인 영화를 만들어 갔습니다.

그를 세계적인 감독으로 만들어 준 영화는 앞서 말한 것처럼 〈내 친구의 집은 어디인가(1987)〉입니다. 이어서 〈그리고 삶은 계속된다(1992)〉, 〈올리브 나무 사이로(1994)〉까지 대표적인 세 작품은 '지그재그 3부작'으로 완성됩니다. 세 영화의 모든 배경으로 지그재그로 이어지는 오솔길이 등장하기 때문이지요. 뛰어난 작품성으로 서구 비평가들은 '지구를 울린 3부작'이라고도 말해요.

그의 작품 대부분은 학교와 가정 속에서 어린이들이 경험하는 일이나 갈등을 다루고 있습니다. 또 이란의 실제 풍경 속에서 사람들이 살아가는 모습을 있는 그대로 보여 준답니다. 영화의 스토리도 너무나 단순해요. 친구의 공책 하나를 돌려주기 위해 꼬박 두 시간을 달리는 모습으로 한 편의 영화가 이루어지거든요. 영화에 등장하는 아마드는 친구를 걱정하며 달리고 또 달립니다. 그러나 길에서 만난 사람들은 아이의 걱정에는 조금도 관심이 없고, 오로지 자신의 생각들만 늘어놓으며 아이를 잡고 시간을 붙잡습니다. 그래서 영화는 늘어지고 늘어집니다. 그런데 이 단순한 장면에서 사람들은 눈을 떼지 못합니다. 그래서 좋은 영화이지요.

> 삶은 그렇게 나쁘지 않은 건지도 몰라. 누구나 문제가 있기 마련이야.
> 세상엔 너무나 많은 삶이 있고 문제가 없는 삶은 하나도 없지.
> 그렇지만 생각해 봐. 아무리 힘들고 낯설다고 해도 아직은,
> 아직까지는 삶은 따뜻하고 아름다운 것들로 가득한 게 아닐까?

압바스 키아로스타미의 영화는 오늘도 계속되고 있습니다.

- ★ 무슬림은 돼지고기를 왜 안 먹을까요?
- ★ 여자들은 왜 히잡을 쓰나요?
- ★ 이슬람의 결혼 제도는 어떤가요?
- ★ 아내를 여러 명 두나요?
- ★ 사촌끼리도 결혼한다고요?
- ★ 이슬람의 카펫이 유명해요
- ★ 이슬람에서는 이자 없이 은행을 운영해요
- ★ 사막에서 생활하는 사람도 있나요?
- ★ 이슬람법에 대해 알고 싶어요
- ★ 할례가 무엇인가요?
- ★ 이슬람에서 커피가 시작되었어요
- ★ 이슬람 명절에 낙타 바비큐를 먹어요
- ★ 할랄과 하람은 정확히 무엇인가요?
- ★ 이슬람에도 찜질방이 있다고요?

더 알아볼까요? 이슬람의 위대한 여성들

# 이슬람 사람들의 생활 엿보기

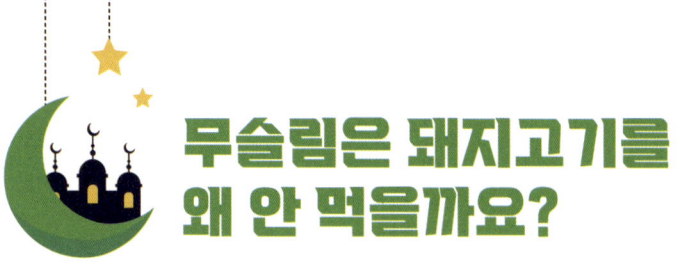

# 무슬림은 돼지고기를 왜 안 먹을까요?

이슬람에서 사람들이 먹고 쓰도록 허용된 것은 '할랄'이라고 합니다. 반대로 금지된 것은 '하람'이라고 부릅니다. 어떤 것이 금지된 것인지는 《꾸란》에 자세하게 나와 있지요. 이 때문에 이슬람을 잘 모르는 사람들은 이슬람의 율법이 복잡하고 금하는 것이 많은 까다로운 종교라고 오해합니다. 하지만 실은 몇 가지 금기 사항만 신경 쓰면 되고, 대체로 모든 것이 허용된답니다.

《꾸란》에 보면 음식 가운데 먹을 수 없는 고기에 대해 자세히 설명되어 있습니다.

'죽은 고기와 피와 돼지고기를 먹지 말라. 그러나 어쩔 수 없이 먹을 경우는 죄가 아니다.'

다시 말해 하느님의 이름으로 잡지 않은 것, 목 졸라 죽인 것, 때려잡은 것, 떨어뜨려 죽인 것, 서로 싸우다 죽은 것, 다른 야생 동물이 먹다 남은 고기, 우상에 바쳐진 고기 등을 먹지 않습니다. 먹을 수 있는 고기는 하느님의 이름으로 이슬람식으로 도살한 고기입니다.

이슬람식 도살이란 동물의 생명을 희생시킬 때, 경건한 마음으로 기도하고

**할랄 고기를 파는 가게**
이슬람식으로 도살해서 무슬림이 먹을 수 있는 고기를 파는 가게예요. 할랄이라고 표시하지요.

동물의 목에 있는 동맥을 끊어 고통 없이 빨리 죽게 하는 것입니다. 그리고 피는 밖으로 흘러나오게 해서 살 속에 남아 있지 못하게 합니다.

먹는 고기는 그 영혼과 잡는 과정이 매우 중요하다고 믿기 때문에 함부로 잡은 고기나 고통을 당하면서 죽은 동물의 고기를 피하는 것입니다. 물론 초식 동물의 고기를 주로 먹고, 육식 동물이나 맹수는 먹지 않습니다. 그렇지만 오래 굶주렸거나 강제로 먹은 경우에는 죄가 되지 않지요.

그런데 이슬람에서는 유독 돼지고기를 먹지 말라고 합니다. 왜 그럴까요? 학자들은 여러 가지로 설명해요. 돼지고기를 먹으면 사람이 질병에 걸리기 쉬우며, 돼지의 습성이 게으르고 나쁘다는 이유를 들기도 합니다.

**말레이시아의 할랄 음식점**
무슬림들이 먹을 수 있는 할랄 음식을 파는 음식점이에요. 문에 할랄을 표시해 두었어요.

> 아랍 유목민들은 몇 달 동안 고기를 보관하여 먹었는데, 돼지고기는 오래 보관할 수 없어 예부터 위험한 음식으로 여겼대.

돼지고기는 지방질과 병원균이 많아 아무리 좋은 자연 상태에서도 마르지 않고 썩어 버립니다. 따라서 동물을 잡아 몇 달 동안 식량으로 사용해야 하는 아랍의 유목민들에게 돼지고기는 쓸모가 없거나 매우 위험한 고기가 되는 거지요.

또 돼지는 인간에게 젖이나 가죽을 주지 못해 유목민의 의식주에 별로 도움이 되지 않습니다. 사막에서 낙타를 많이 키우는 이유는 낙타가 사람에게 고기와 젖을 줄 뿐 아니라 똥을 연료로 쓸 수 있게 하고, 풍부한 털과 가죽까지 주기 때문이죠.

그러나 어떤 이슬람 학자들은 돼지고기를 먹지 말라는 진정한 이유는 하느님만이 아신다고 말하기도 한답니다.

# 여자들은 왜 히잡을 쓰나요?

'이슬람 세계의 여성' 하면, 가장 먼저 떠오르는 것이 가리개로 얼굴을 가린 모습입니다. 머리에 쓰는 가리개 천을 아랍어로 '히잡'이라고 합니다. 이란어의 '차도르'와 영어의 '스카프'도 히잡과 비슷한 뜻입니다. 보통은 얼굴만 가리지만 어떤 지역에서는 몸 전체를 가리기도 해요. 물론 집 밖에서만 가리지요. 이슬람에서는 여성이 바깥을 다닐 때 자신의 몸을 드러내는 차림을 피합

히잡을 쓴 학생

83

히잡에는 여러 가지 종류가 있어. 사진을 살펴볼까?

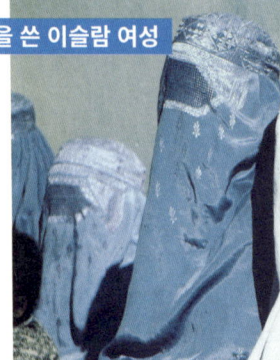
히잡을 쓴 이슬람 여성

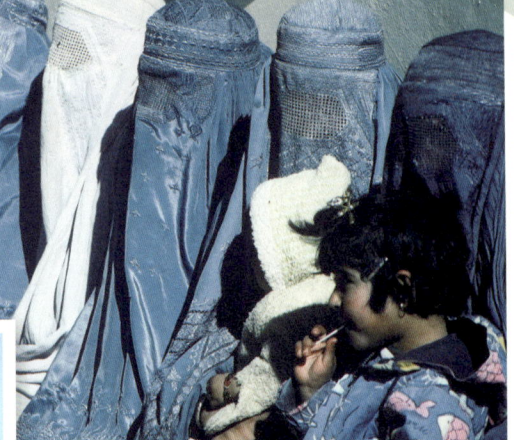
**부르카**(얼굴까지 다 가리는 형태)

**니캅**
(눈만 내놓고 몸을 다 가리는 형태)

니다. 이것이 히잡 전통으로 이어졌습니다.

얼굴과 가슴까지 가리는 것과 얼굴을 드러내는 것 등 히잡에는 여러 가지 형태가 있습니다. 히잡의 명칭과 모양, 색깔 등은 지역이나 쓰는 사람의 나이에 따라서도 아주 다양해요.

예를 들어 사우디아라비아 쪽의 여성들은 검은색 히잡을 쓰고 얼굴과 온몸을 가리지요. 북아프리카의 여성들은 흰색이나 푸른색의 히잡을 좋아합니다. 반면 터키나 레바논, 튀니지와 같이 개방된 이슬람 국가의 대도시에서는 히잡을 쓴 여자들을 찾아보기가 어렵습니다. 또 젊은 여성들은 감각적이고 세련된 디자인의 히잡을 좋아하고, 나이 든 여성들은 한 가지 색의 히잡을 쓰는 것을 선호합니다.

전통적으로 이슬람은 남성과 여성이 역할을 분명하게 분담하도록 했어요. 남자에게는 가족을 먹여 살릴 경제적 의무가, 여자에게는 자녀를 가르치고 가정을 지킬 의무가 있다고 말입니다. 남성과 여성의 권리는 같지만 각각의 역할은 이처럼 다르다고 여겼지요. 그래서 주로 가정에 머물게 되는 여성들이 외출을 할 때는 히잡을 쓰게 된 것입니다.

그러나 아프가니스탄의 **탈레반** 여성들처럼 히잡으로 얼굴까지 온통 가리고 여성의 사회적 진출을 막고 있는 것은 올바른 이슬람의 모습이라고 보기 어렵습니다.

오늘날 많은 이슬람 국가에서는 히잡을 쓰고도 사회의 각 분야에서 활발히 활동하는 여성들이 많습니다. 가까운 동남아시아의 말레이시아, 터키 같은 나라에서는 여성들의 사회 진출이 남성을 앞지르고 있지요. 여성 대통령과 여성 수상이 등장할 정도로 여성들의 힘이 커지고 있는 거예요.

1979년 이란의 **이슬람 혁명**은 이슬람 운동이 퍼지는 큰 계기가 되었습니다. 이슬람 세계의 여성들은 한동안 히잡을 벗은 적도 있지만 이슬람 혁명이 성공한 뒤, 다시 히잡을 쓰게 되었습니다. 특히 교육받은 엘리트 여성들이 히잡을 쓰는 경우가 늘었지요.

히잡은 다른 나라 사람들의 눈으로 볼 때 여성의 권리와 자유를 억압하는 것으로 보이기 쉽습니다. 그러나 이것은 이슬람의 종교적 가치관을 이해하지 못한 오해에서 비롯된 것입니다.

지금 대부분 이슬람 세계에서는 히잡을 쓰도록 강요하지 않습니다. 자신의 의지와 상관없이 강제로 히잡을 쓰게 하는 나라는 사우디아라비아와 이란뿐입니다. 나머지 나라들은 자율에 맡기고 있지요.

히잡을 자기 뜻과 상관없이 강요하는 건 용납되기 어렵습니다. 그러나 스스로 선택한 복식이라면 존중해 주는 것이 글로벌 에티켓이고, 아름다운 다양성의 모습일 거예요.

또한 오늘날 히잡은 모양과 색감이 다양해지면서 거의 패션으로 자리 잡게 되었답니다.

**탈레반** 아프가니스탄을 지배하는 무장 정치 세력이에요. 엄격한 통치와 인권 침해로 세계적으로 비난을 받기도 했어요.
**이슬람 혁명** '이란 혁명'이라고도 합니다. 1979년 2월 11일 팔레비 왕조를 무너뜨리고 이슬람 원칙에 입각한 '이란 이슬람 공화국'을 탄생시킨 혁명이지요.

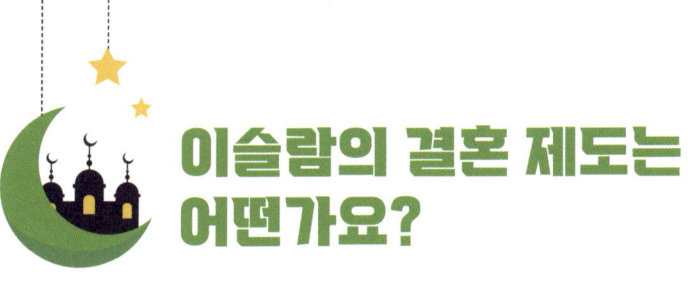

# 이슬람의 결혼 제도는 어떤가요?

이슬람의 전통 결혼은 우리와는 다른 점이 몇 가지 있어요. 신분과 직업에 맞추어 중매로 결혼한다는 것, 일부다처제, 결혼 지참금 제도, 사촌끼리의 결혼이 허락된다는 것, 남성 중심의 결혼 등입니다.

이슬람 전통 사회에서는 결혼이 개인적인 행사이리보다는 가족이나 혈연

**혼인 계약서를 쓰는 모습**
이슬람의 결혼에서는 세부적인 조건들을 혼인 계약서로 만들어 공개하기도 해요.

모스크 앞에서 결혼을 올린 이슬람 신랑과 신부

공동체 모두에게 관련된 일이기 때문에 자유롭게 연애를 해서 결혼한다는 것은 거의 생각할 수 없어요. 남자는 18세 정도, 여자는 16세 정도의 결혼 적령기가 되면 그 마을에서 명망 있고 평판 좋은 사람이 중매쟁이가 되어 양쪽 집의 수준에 맞는 혼담을 진행합니다.

최종 결정은 아버지가 내립니다. 여자는 부모가 정해 준 신랑 후보를 거절할 수는 있지만 그렇다고 무조건 자기가 좋아하는 사람과 결혼할 수는 없지요. 또 결혼 날까지 상대방의 얼굴도 보지 못할 때도 있고요.

결혼의 조건으로는 우선 남녀 모두 건강한 성인이어야 합니다. 남자는 4명의 아내를 갖지 않은 상태이어야 하며, 여자가 만일 이혼을 했다면 재혼 금지 기간이 지난 상태여야 합니다. 부족에 따라서는 아내가 세상을 뜬 경우, 아내의 언니나 동생과 결혼하기도 합니다. 또 형제가 세상을 떠난 경우, 그 부인을 아내로 맞이하는 제도도 있습니다.

결혼할 때는 신랑이 신부 가족에게 상당한 액수의 결혼 지참금을 지급합니다. 이를 '마흐르'라고 합니다. 이혼을 하거나 어떤 사정으로 혼자가 되었을 때, 여성의 생활을 보장해 주는 일종의 사회 보장 제도라고 할 수 있지요.

종교적인 제한도 있습니다. 무슬림 남자는 다른 종교를 가진 여자 중에 기독교도와 유대교도와는 결혼할 수 있어요. 그 밖의 다른 종교의 아내는 개종하지 않으면 남편의 재산을 상속받지 못합니다. 한편 무슬림 여자는 다른 종교를 가진 남자와는 아예 결혼할 수 없습니다.

아랍에서 주로 결혼하는 달은 샤왈(**헤지라력** 10월)이고, 결혼을 피하는 달은 무하람(헤지라력 1월)입니다. 결혼식은 신랑, 신부와 양쪽 부모, 증인 두 사람이 반드시 참석합니다. 그리고 주례인 이맘이나 공무원이 결혼의 합법성을 공표합니다. 결혼의 세부적인 조건을 혼인 계약서로 만들기도 한답니다. 주례가 결혼 계약의 구체적인 내용을 확인하고 사람들의 동의를 들은 다음에, 결혼의 의미와 이슬람적 가르침에 대한 설법을 진행합니다. 신랑, 신부는 오른손 엄지를 세워 서로 누르며 손수건으로 그 위를 덮습니다. 마지막으로 신랑 신부가 《꾸란》의 **개경장**을 함께 낭송하는 것으로 식은 끝나지요.

그런데 최근 젊은 세대에서는 양쪽 집안의 동의를 얻어 연애결혼하는 일이 늘어나고 있습니다. 결혼하는 나이도 25살을 넘기는 경우가 많아졌지요.

**헤지라력** 무함마드가 박해를 피해 메카에서 메디나로 이주한 날을 기준으로 한 달력으로, 이슬람력이라고도 해요.
**개경장** 《꾸란》은 총 114장으로 되어 있어요. 각 장에는 명칭과 일련번호가 붙어 있고, 장은 다시 각기 번호를 붙인 절로 구분되지요. 개경장은 그중 제1장이에요. 신에게 바치는 경건한 짧은 기도의 말이 있으며, 종교 의례 때 항상 이것을 암송하지요.

# 아내를 여러 명 두나요?

한 남자가 여러 명의 아내를 두는 것을 '일부다처제'라고 합니다. 그러나 이슬람의 기본 원칙은 '일부일처제'입니다. 한 사람의 남편과 아내가 서로 사랑하고 의지할 때, 하느님의 가장 큰 축복을 받는다고 생각하지요. 그러나 꼭 필요한 경우에 엄격한 조건을 달아 일부다처제를 부분적으로 허용합니다.

《꾸란》에서는 여자와 남자와의 관계를 '남자는 여자의 옷이고, 여자는 남자의 옷'이라고 표현합니다. 남녀는 서로의 보호자이며 협력자가 된다는 것이지요.

일부다처를 허용했던 이유는 옛날 이슬람의 전투에서 많은 남자들이 죽자 과부들과 고아들이 많이 생겨났기 때문입니다. 어려움을 겪게 된 이들을 구제할 수 있는 유일한 방법은 한 남자가 여러 아내를 맞아들이는 것이었습니다.

하지만 《꾸란》에는 단서가 붙어 있습니다. 남편은 아내들을 편애하면 안 되고 공정하게 대해야 한다는 것이지요. 이 공평함이 지켜지지 않으면 결혼했어도 합법적으로 이혼할 수 있는 조건이 됩니다. 또한 《꾸란》에는 아내들과 함께 살아야 하고, 재산을 공평하게 분배해야 한다는 단서도 있지요. 그

이슬람의 일부다처를 풍자하는 그림

래서 일부다처제 속에서도 모든 아내와 그 자식들은 사회에서 동등한 대우를 받았습니다.

오늘날 이슬람 사회에서 여러 명의 아내를 두는 경우는 급속도로 줄어들고 있습니다. 지역에 따라 조금씩의 차이는 있지만요. 사우디아라비아, 이란, 이집트, 걸프 지역의 몇몇 아랍 국가들을 제외하고, 최근 많은 이슬람 국가들이 법으로 일부다처를 금지했습니다. 물론 여성의 교육 수준이 올라가고 현대화될수록 일부

일부다처제가 생긴 건 전쟁 때 남자들이 많이 죽자 그 아내와 아이들을 보살피기 위해서였어.

다처는 점점 더 자취를 감추게 되겠지요?

하지만 아무리 좋은 가르침이 있어도 그것을 잘못 이용하는 사람들은 있게 마련입니다. 남편과 아내가 불평등하거나 어느 한쪽을 억압하는 일부다처제라면 이 제도는 분명 이슬람에 맞지 않는 가르침일 것입니다.

이슬람 세계에서 결혼할 때 여자는 자기주장을 내세우고, 독립할 권리를 행사할 수 있습니다. 남자의 청혼도 거절할 수 있지요. 또한 남자가 지불하는 지참금(마흐르)는 신부의 것이 됩니다. 이것 또한 각 배우자의 안정적인 생활을 보호하려는 제도 중의 하나이지요.

# 사촌끼리도 결혼한다고요?

　사촌끼리의 결혼은 근친결혼으로 많은 나라에서 금지하고 있습니다. 그러나 이슬람권, 특히 아랍 지역에는 아직도 사촌끼리의 결혼이 남아 있어요.

　사촌 간의 결혼 풍습은 가족의 관계를 튼튼히 하고, 상속을 할 때에 재산을 보호하기 위해 시작되었습니다. 또한 남녀가 엄격하게 분리된 이슬람 사회에서 사촌은 자유롭게 만날 수 있는 유일한 이성이기도 했지요.

　사촌 중에서도 작은아버지의 딸을 주로 신부로 맞이합니다. 신랑이 될 사람이 그녀와 결혼하겠다는 뜻을 포기하지 않는 한, 다른 사람이 그녀와 결혼하기는 힘듭니다.

　반면 신랑은 사촌과 내키지 않는 결혼을 했을 때, 자신이 원하는 여자를 두 번째 아내로 맞아들여서 보상받기도 하지요.

　사촌끼리의 결혼뿐만 아니라 5촌이나 6촌의 결혼도 허락됩니다. 그런데 재미있는 것은 아무런 관련이 없는 남남이라 하더라도 어릴 때 같은 유모에게서 함께 젖을

사촌 간의 결혼 풍습은 가족 관계와 재산을 보호하기 위해 만들어진 거야.

먹으며 자란 남녀는 절대로 결혼하지 않는다는 거예요.

　이러한 사촌끼리의 결혼은 전통적인 아랍 유목 민족들의 풍습이지만 요즘 이슬람 국가에서는 점점 줄어들고 있습니다.

　아랍 지역의 이러한 사촌 결혼과 근친결혼은 같은 뿌리에서 나온 같은 성을 가진 사람과 결혼하지 않는다는 우리나라 결혼 풍습과는 정반대이지요.

# 이슬람의 카펫이 유명해요

꽃무늬나 기하학적인 무늬가 그려진 이슬람의 카펫은 정말 화려하고 정교해.

《아라비안나이트》에 나오는 '하늘을 나는 양탄자'가 바로 카펫입니다. 마법의 카펫처럼 하늘을 날지는 못하지만 아랍 이슬람 지역에서는 카펫으로 집 안을 아름답고 신비롭게 꾸민답니다.

카펫은 손으로 직접 짜는데, 우리나라의 베 짜는 것과 비슷해요. 먼저 틀을 만들고 틀에 세로로 날줄을 팽팽히 건 다음 염색된 실을 가로로 옭아매는 과정을 거치지요. 가로로 한 줄의 올이 완성되면 곧 씨줄이 됩니다. 그다음에 들쭉날쭉 나와 있는 올을 특수 가위로 고르게 잘라 냅니다.

디자인이 얼마나 섬세한가는 그 카펫

**이슬람의 카펫**

카펫은 양털을 사용해 손으로 직접 만들어서 매우 튼튼해.

중앙아시아와 인도 등이 카펫 생산지로 유명하지.

**카펫을 만드는 모습**

이 얼마나 촘촘하게 짜였는지와 올을 얼마나 짧게 잘라 내느냐에 달려 있습니다. 즉, 올이 많을수록 좋은 카펫이 되는 것이지요.

역사적으로 유명한 카펫 생산지는 페르시아를 비롯해 터키, 캅카스, 중앙아시아 지역입니다. 아프가니스탄, 파키스탄, 네팔, 인도, 중국 등도 카펫 생산지로 유명하지요.

카펫은 짜는 기술이나 색상뿐 아니라 디자인도 다양합니다. 각 지역마다 자신들만의 독특한 문양이나 디자인을 경쟁적으로 발전시켜 자손 대대로 물려

주었지요. 그래서 디자인만 보고도 어느 시대에, 어디에서 생산된 것임을 금방 알 수 있을 정도랍니다.

　디자인에 따라 카펫 생산 지역은 크게 둘로 나눌 수 있습니다. 꽃무늬 양식은 주로 페르시아와 인도에서 생산되고, 캅카스 및 중앙아시아 지역에서는 기하학적인 무늬를 더 좋아합니다.

　카펫 디자인에는 의미가 있어요. 중국에서 용은 황제를 뜻하지만 페르시아에서는 악마입니다. 인도에서는 죽음을 뜻하고요. 이슬람의 상징으로 쓰이는 초승달은 진리의 시작이자 신앙심을 의미하며, 끝이 없이 연결되는 매듭 모양의 기하학적 무늬는 지혜와 영원함을 뜻한답니다.

　카펫은 주로 양털로 만듭니다. 유목민들은 보통 봄이 끝날 때쯤 양털을 깎는데, 깎기 전에 먼저 양을 강가나 우물가에서 깨끗이 목욕시킵니다. 털을 깎고 난 뒤에도 다시 한 번 양털을 깨끗한 물에 세탁하지요. 세탁된 양털을 발로 밟아 물기를 짜낸 다음, 말리고 난 뒤 양털을 일일이 손끝으로 꼬아 실을 자아냅니다. 수공 카펫이 좋은 이유는 기계가 아무리 튼튼하게 실을 자아내도 사람 손끝으로 꼬아서 자아내는 것보다는 약하기 때문이지요.

　가장 좋은 카펫은 실크 카펫입니다. 터키의 헤레케가 세계적으로 유명한 산지입니다.

　실크 카펫은 보는 방향에 따라 색이 달라져 신비한 느낌을 줄 뿐 아니라, 가는 실로 짜기 때문에 디자인이 섬세합니다. 그러나 짜는 데 시간이 많이 걸리고 가격도 비싸서 누구나 쓸 수 있는 제품은 아니지요. 실크 카펫은 전통적으로 성스러운 곳이나 궁전을 장식하는 데에 사용되었답니다.

# 이슬람에서는 이자 없이 은행을 운영해요

이슬람법에서는 이자를 금지합니다. 이자는 돈을 빌려 쓰는 대가로 치르는 돈을 말해요. 이슬람에서는 돈을 빌려 주고 비싼 이자를 받는 것은 옳은 일이 아니라고 하지요. 하지만 오늘날 자본주의 사회의 은행에서는 이자가 꼭 필요하잖아요?

그래서 이슬람 국가가 아닌 곳에서 살고 있는 많은 무슬림들이나 이슬람 국가에서 살고 있는 사람들 역시 어쩔 수 없이 이 제도를 따르고 있습니다. 나라 간에 무역을 하려면 국제적인 은행을 통해야 하기 때문이지요. 오늘날 이슬람 국가에서는 이슬람식 은행과 서구식 은행이 함께 운영되고 있어요.

그렇다면 이슬람에서는 왜 이자를 금지할까요?

이슬람이 추구하는 기본적 가치 중 하나는 어려운 사람을 돕는 것입니다. 따라서 이를 해치는 고리대금은 하느님의 말씀으로 금지되고 있지요.

이슬람에서는 고리대금업자를 나쁘게 생각해요. 자신의 재산을 한 푼이라도 더 늘리기 위하여 돈을 빌려준 사람을 막다른 골목으로 몰아넣는다고 여기니까요. 또 스스로 정당하게 노동을 해서 돈을 버는 대신 다른 사람에게 의

말레이시아의 이슬람 은행

두바이의 이슬람 은행

이슬람법에서는 비싼 이자를 금지해. 이자 대신 투자 수익을 나누는 방식의 이슬람 은행은 아랍이나 동남아시아 일부 국가에서 번성하고 있지.

존하는 것이기 때문에 게으른 것이라고 말해요. 이슬람에서는 이처럼 노동의 가치를 매우 중요하게 생각한답니다.

 그럼 이자를 받지 않고 어떻게 은행을 운영할까요? 이자 대신 예금을 맡긴 사람들이 투자를 하고 그 수익을 서로 나누지요. 수익을 다른 은행의 이자보다 높게 보장해 주어서 사람들이 이슬람 은행을 이용하게 해요.

 가난한 사람들이 집을 구할 때는 은행에서 돈을 어떻게 빌려야 할까요? 자기가 살고 싶은 전세나 월세 집을 구해서 은행에 가면 은행과 집주인이 계약을 해요. 그러면 세입자는 그 집에 들어가 살면서 매달 은행에 월세를 내면 되지요. 그래서 아랍이나 동남아시아 일부 국가에서는 이슬람 은행들이 아주 번성하고 있답니다.

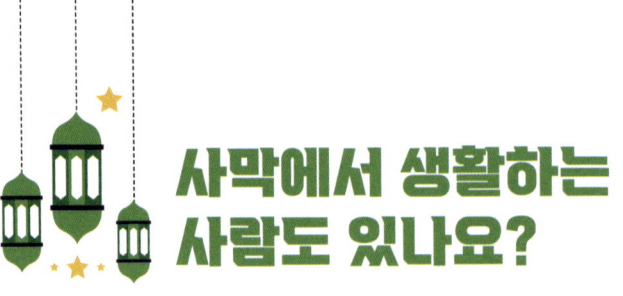

## 사막에서 생활하는 사람도 있나요?

중동 및 북아프리카 사막의 오아시스에 살며 유목 생활을 하는 아랍 부족으로, 베두인족이 있습니다.

오아시스는 물이 있고, 대추야자와 작은 나무들이 자라는 사막의 낙원입니다. 이곳에서 베두인족은 낙타와 양을 키우며 이웃 부족과 물물 교환을 하거나 대도시에 나가서 필요한 물건을 구해 와 살아가요. 낙타 고기를 먹고, 낙타나 양의 젖으로 치즈나 요구르트 등도 만들지요. 대추야자 열매는 비상 식품으로 활용해요. 이처럼 베두인족은 놀라운 생존 능력을 가지고 있답니다.

그러나 모든 물자를 자급자족하는 것은 어렵기 때문에 항상 다른 부족이나 도시와 무역을 해야 했습니다. 안타깝게도 이런 무역은 부족 간에 전쟁으로 자주 길이 막혀 버리곤 했어요. 그로 인해 약탈과 침략도 빈번하게 일어났지요. 따라서 이들에게 살아남기 위한 약탈은 범죄라기보다는 어쩔 수 없는 일로 이해해야 합니다.

이처럼 베두인족은 전투에 매우 뛰어나고 험난한 사막 생활에 잘 적응하는 용감하고 강인한 부족으로 알려져 있습니다. 그들은 물이 있는 위치를 알

대추야자는 사막에서 얻을 수 있는 귀한 식량이지.

**건조한 사막과 오아시스**
베두인족의 삶의 터전인 사막과 오아시스 풍경이에요.

사막에서 항상 물이 고여 있는 곳을 오아시스라고 해. 여기서는 식물이 자라고 사람도 생활할 수 있지.

대추야자나무

아내는 뛰어난 감각을 갖고 있고, 어떤 혹독한 기후에도 살아남을 수 있는 능력이 있지요.

이 부족의 외모는 중간 정도의 키에 호리호리한 편입니다. 매부리코에 피부는 까무잡잡하지요. 사막의 대상으로 살아가는 베두인족은 한곳에 정착해서 살아가는 농부나 민족들을 업신여기고 깔보는 경향이 있습니다.

베두인족은 방향 감각도 매우 뛰어납니다. 밤에는 별이 움직이는 것을 보고 방향을 찾고, 낮에는 사람이나 동물의 발자국을 보고 방향을 알아냅니다.

뿐만 아니라 발자국을 추적할 수 있는 능력도 가지고 있지요. 발자국만을 보고도 언제 사람이 지나갔는지, 남자인지 여자인지, 여자라면 임신을 했는

**이집트의 베두인족**

지까지도 구별할 수 있다고 해요.

그러나 제1차 세계 대전이 끝난 다음, 아랍 민족들이 여러 국가로 독립을 하게 되자 베두인족은 정부의 간섭과 통제를 받기 시작했습니다. 그래서 군대에도 가고 건설 현장에서 일하기도 했지요. 베두인족은 전투 능력이 뛰어나고 의리와 충성심이 높기 때문에 아랍 여러 나라 군대 조직의 핵심이 되었습니다. 또 1960년대 이후 석유 생산이 늘어나면서 석유 산업에서 일하는 사람도 많아졌지요. 그러면서 점차 정착 생활을 하게 되었습니다.

지금은 전체 베두인족의 약 5퍼센트만이 유목 생활을 하고, 대부분 계절에 따라 반 유목 생활을 하고 있어요. 비가 오는 겨울철에는 사막 깊숙이 이동하고, 덥고 건조한 여름에는 물을 공급받을 수 있는 오아시스 부근으로 이동하지요. 따라서 베두인족에게 마을은 여름철의 임시 거처일 뿐이랍니다.

# 이슬람법에 대해 알고 싶어요

배우자 외에 남녀가 부정한 관계를 맺으면 돌로 쳐 죽인다든지, 도둑질하면 손을 자른다든지 하는 등 이슬람법은 잔인한 면이 주로 알려져 있어요. 하지만 그러한 법이 어디서 얼마만큼 적용되는지는 잘 알려져 있지 않지요.

무슬림들은 '샤리아'라 불리는 이슬람법이야말로 인간의 모든 행동을 판결할 수 있는 가장 완벽한 법이라고 주장합니다. 지금도 일부 이슬람 국가에서는 헌법과 함께 이슬람법이 사회를 지배하고 있어요.

이슬람법은 하느님에 대한 의무를 정해 놓은 것으로, 일반 범죄에 관한 것은 물론 청결, 예배, 단식, 장례 등 종교적 의무나 일상생활의 구체적인 가르침도 있습니다.

만일 죄를 지으면 솔직하게 뉘우치고 신에게 용서를 빌며 신과 화해해야 합니다. 그리고 이슬람법에서는 죄의 결과뿐 아니라 범죄를 저지른 이유나 그 과정에 대해서도 매우 중요하게 생각한답니다.

이슬람에서는 헌법과 하느님에 대한 의무를 정한 이슬람법을 함께 따르지.

이슬람법에서는 세 가지의 벌로 죄인을 처벌합니다. 그중 다른 사람에게 피해를 준 대로 죄인에게 똑같이 되돌려 주는 형벌이 있습니다. 예를 들어 살인죄를 지은 사람에게는 사형을, 절도죄를 지은 사람에게는 손목을 자르는 형벌을 지우는 거예요.

물론 여기에는 여러 가지 제한이 있어 실제로 그대로 시행되는 경우는 드뭅니다. 그러나 파렴치범이나 가정 파괴범, 반복해서 일어나는 범죄로부터 많은 사람들을 보호하기 위해 가혹한 형벌을 인정할 때가 있어요.

이런 이유 때문에 이슬람 사회의 범죄율은 서구 사회와 비교가 되지 않을 정도로 낮습니다. 그러니까 어떤 사회가 더 살기 좋은 사회인지는 함부로 판단할 수 있는 것이 아니지요.

또 이슬람 국가라고 해서 모두가 손목을 자르는 그런 끔찍한 형벌을 인정하지는 않습니다. 사우디아라비아, 아프가니스탄 등과 같은 일부 나라를 제외하고 이슬람 국가 대부분은 보복의 성격을 가진 이런 법은 집행하지 않는답니다.

# 할례가 무엇인가요?

《꾸란》에는 '할례'에 관한 구체적인 내용은 없습니다. 이 계율은 무함마드의 가르침에 따른 것이지요.

할례는 남자아이의 성기를 싸고 있는 피부 일부를 잘라 내는 의식이에요. 우리나라에서도 병원에서 포경 수술을 하지요? 이와 비슷한 방식입니다. 할례에는 더러워지기 쉬운 신체 부분을 깨끗이 해서 하느님께 몸과 마음을 청결하게 바친다는 뜻이 담겨 있어요.

할례는 대부분 이슬람 사회에서 이루어지는 일반적인 의례입니다. 중동의 할례는 고대 이집트인이나 유대인, 그리고 기독교인들의 관습을 계승한 것으로 볼 수 있습니다(유대인들의 할례 관습은 계속되고 있으나, 기독교들의 할례는 바울 시대 이후 없어졌습니다.).

유대인들은 처음에 신을 위해 인간 제물을 바쳤대요. 그러다 차츰 인간 신체의 가장 중요한 부분인 생식기 일부를 잘라 내어 피를 흘리는 의식으로 인간 제물을 대신하게 되었다고 전해집니다. 그 뒤에 할례가 유대인 사이에 널리 퍼지면서 비유대인과 구별되는 민족적인 징표로 자리 잡았습니다.

할례 의식 때 아이들은 새 옷을 입고, 말이나 낙타를 타고 동네를 돌아.

태국 무슬림 아이들의 할례 행사

터키 무슬림 아이들의 할례 행사

 이슬람 이전에도 아랍인들 사이에서는 할례가 종종 이루어졌지만 이슬람을 받아들이고 나서는 이것은 종교 의례로 승화되었어요. 절대적으로 청결한 몸과 마음이라는 이슬람의 가르침에 따라 신체의 가장 은밀한 부분을 청결케 한다는 의미로 할례가 일반화되었지요.

 할례를 하는 시기는 다양합니다. 일반적으로 아랍 사회에서는 아이가 태어난 지 일주일째에 이름을 짓고, 8일째에 할례를 행합니다. 그러나 아랍권 일부와 비아랍권에서는 태어난 지 40일째나 아이가 좀 더 성장한 후인 5~7세 때 할례를 행하지요.

　상류층 자녀가 할례를 할 때는 고아와 가난한 사람의 자녀들 수십 명이 함께 할례를 행하는 것이 미덕으로 되어 있습니다. 할례복을 준비하고 잔치를 성대하게 치르는 데 많은 돈이 들기 때문이지요.

　할례 날짜가 정해지면 대상자들은 **터번**과 새 옷으로 단장합니다. 그다음 악사들과 함께 말이나 낙타를 타고 동네 주위를 돌면서 자신들이 곧 진정한 사회 구성원이 된다는 사실을 알리지요. 할례 날에는 많은 친척들이 축하하며 지켜보는 가운데 마취 없이 간단한 수술을 합니다.

　어린 남자아이가 수술을 잘 마치면 남성의 세계에 들어서는 자격을 인정받게 됩니다. 아이는 이날 여러 가지 선물과 모든 마을 사람들의 축하를 받는답니다.

　여성의 할례는 아프리카에서 영향을 받아 악습으로 남아 있는 경우가 있었지만, 여성에게 고통을 주는 것으로 오늘날 이슬람에서는 권장되지 않거나 금지하고 있답니다.

 **터번** 이슬람교도들이 머리에 감는 수건

# 이슬람에서 커피가 시작되었어요

커피와 이슬람, 두 단어는 전혀 상관없는 말처럼 들립니다. 그러나 우리가 마시는 커피를 전파시킨 사람이 바로 이슬람 사람들입니다. 영어의 커피(Coffee), 프랑스어의 카페(Cafe)도 사실은 아랍어의 까흐와(Qahwah)에서 온 것이지요. 세계적으로 유명한 커피 브랜드 '모카'는 커피 수출로 명성을 날렸던 아라비아반도 예멘의 항구 이름이고요.

커피의 원산지는 에티오피아로 알려져 있습니다. 순한 양이 커피 열매를 먹고 흥분하는 것을 본 목동이 처음 발견했다고 해요. 하지만 이미 오래전부터 에티오피아 지역에서는 커피를 민간요법의 재료로 사용했답니다.

15세기 중반 예멘의 수도사가 에티오피아 지방을 여행하던 중 열병에 걸렸을 때도 원주민들이 커피 가루를 물에 타 먹여 낫게 해 주었지요. 이 수도사를 통해 예멘 지방에 커피가 알려지면서 커피가 기호 식품으로 이슬람 세계에 퍼져 나갔다고 해요.

또 다른 기록으로는 이미 1511년에 이슬람의 성지 메카에서 성지 순례자들에게 커피를 팔았다고도 하지요. 곧이어 커피는 성지 순례자들을 통해 이

우리가 마시는 커피를 처음 전파한 것이 바로 이슬람이야.

**이슬람식 커피**

**옛날 터키 이스탄불의 커피 하우스**
이스탄불은 이슬람의 오랜 커피 역사를 가지고 있는 곳이에요.

집트, 시리아, 이란, 터키 등지로 퍼져 나갔지요. 무슬림들은 커피가 정신을 맑게 하고 피로를 회복시킨다고 생각했어요. 열을 내리게 하는 데도 효과가 좋다고 해서 즐겨 마셨지요. 도시 곳곳에는 커피 하우스가 많이 생겼습니다.

커피가 이처럼 빠른 속도로 이슬람 세계에 퍼져 나가게 된 또 다른 이유도 있어요. 바로 이슬람에서는 술 마시는 것을 금하기 때문입니다. 그래서 술 대신 커피를, 술집 대신 커피 하우스를 찾을 수밖에 없었지요.

한때 극단적인 이슬람법학자들은 커피를 마시는 것을 금하기도 했습니다.

커피의 성분이 인간의 이성을 흐리게 할 수 있다는 이유였지요.

터키와 이란 지역에서 커피는 결혼과도 중요한 관계가 있습니다. 재래식으로 커피를 끓이는 건 무척 어려워요. 처음부터 커피 가루와 설탕, 그리고 물을 한꺼번에 넣고 끓입니다. 이때 커피 가루와 설탕의 비율, 그리고 커피의 농도가 맛을 좌우하지요. 또 불의 세기나 끓이는 시간에 따라서도 커피 맛이 달라집니다.

다 자란 여자와 남자를 둔 두 집안에서 결혼 이야기가 오가면 먼저 남자 쪽 어른들과 신랑 후보가 여자 쪽 집을 방문하는 것이 관례입니다. 이때 신붓감은 정성껏 커피를 끓여 손님들을 접대해 자신의 솜씨를 간접적으로 보이는 기회를 갖지요.

만일 여자가 결혼할 생각이 없거나 신랑감이 마음에 들지 않을 때는 커피를 이용해 자신의 뜻을 밝힐 수도 있습니다. 커피에 설탕 대신에 소금을 타거나, 커피 가루 대신에 후춧가루를 이용해 커피를 끓여 내면 남자 쪽 식구들이 커피를 마신 뒤 신부의 뜻을 알게 되고, 조용히 집을 나섭니다. 그것으로 결혼 이야기는 없었던 것이 되지요.

# 이슬람 명절에 낙타 바비큐를 먹어요

중동을 비롯해 이슬람 세계에는 두 개의 큰 명절이 있습니다. 라마단이 끝나는 이슬람력 10월 1일에 '이들 피트르'라고 하는 축제가 있어요. 이슬람 최대의 명절이지요. 12월 성지 순례가 끝나고는 '이들 아드하(희생제)'라는 축제도 치릅니다.

**이슬람 최대의 명절인 이들 피트르**
이들 피트르 때에 가족들을 찾아 인사하는 모습이에요.

우리나라 추석과 비슷한 이슬람 최대의 명절이지.

두 명절 중 '이들 피트르'는 우리의 추석과 비슷한 명절입니다. 단식이 끝나는 날 아침 일찍 목욕을 하고 깨끗한 옷으로 갈아입은 다음, 이슬람 사원에 가서 축제 예배를 드립니다. 예배 다음에는 맛있는 음식을 차려 놓고 가족들이 함께 인사를 나눕니다. 또 친척 집과 이웃집을 방문해서 선물을 교환하고 따뜻한 정을 나눕니다. 그다음 날에는 조상들의 묘지를 찾아 성묘를 하고 기도를 드리지요.

이처럼 명절이 되면 수많은 사람들이 선물 꾸러미를 들고 고향을 찾아가는 풍경이 우리와 매우 닮았습니다.

낙타 고기를 파는 가게

명절과 축제 때에는 보통 맛있는 빵과 요구르트는 물론, 양고기 진흙 찜 요리, 우유와 말린 과일을 이용해 푸딩도 만들어 먹습니다. 아주 특별한 경우에는 낙타 바비큐를 만들지요. 낙타 바비큐는 귀한 손님이 왔을 때도 해 먹습니다.

　만드는 법을 알아볼까요? 일단 낙타를 잡아 내장을 꺼내고 그 속에 양을 넣습니다. 다시 양의 배 속에 칠면조를 넣고, 칠면조의 배 속에 닭을 넣습니다. 그리고 닭 속 빈 공간에 건포도, 건살구, 아몬드, 수수, 녹두, 갖은 양념과 향료를 넣어 간을 맞춘 다음 긴 쇠막대에 겁니다. 우리의 숯불과 비슷한 불에 거의 10시간 이상을 천천히 돌리며 익혀 바비큐를 만들지요.

　불꽃이 없어 타지 않고, 서서히 익어 온갖 양념이 골고루 배이고, 기름기는 땅에 떨어져, 담백하고 맛있는 요리가 됩니다. 다 구운 다음에는 세로로 잘라 접시 맨 가장자리에는 낙타 고기, 중간에는 양고기, 가운데는 칠면조와 닭고기, 그리고 수수 및 콩으로 범벅된 밥 몇 숟가락을 얹어 주는데, 이것이 아랍 최고의 명절 음식이랍니다.

# 할랄과 하람은 정확히 무엇인가요?

이슬람에서는 먹어도 되는 것과 해도 되는 일, 먹으면 안 되는 것과 하면 안 되는 일을 엄격하게 구분합니다. 술과 돼지고기를 먹는 것, 마약과 비도덕적인 일은 해서는 안 되는 대표적인 금기입니다. 금기를 하람(Haram)이라고 합니다. 모든 육류는 알라의 이름으로 잡은 것만 먹을 수 있습니다. 이를 허용된 것이라고 해서 할랄(Halal)이라고 합니다. 할랄은 동물을 도살할 때 생명 존중이라는 과정을 반드시 거쳐야 합니다.

첫째, 동물을 도살할 때는 생명을 앗아가는 일이기 때문에 신의 이름으로 잡아야 합니다. '비쓰밀라(신의 이름으로)'를 세 번 외치면서 인간의 탐욕으로 한 생명을 의미 없이 죽이지 않도록 합니다. 둘째, 고통을 가장 적게 하는 방식으로 도살합니다. 목의 경동맥을 칼로 잘라 가장 빠른 순간에 가장 적은 고통으로 죽도록 배려합니다. 셋째, 피는 부패하기 쉬울 뿐만 아니라 생명의 상징이기 때문에 피까지 먹지는 않습니다.

할랄은 동물의 생명을 존중하고, 인간의 탐욕을 막는다는 의미도 중요해.

**할랄 푸드라는 마크가 새겨진 음식 재료**
슈퍼마켓에 진열된 음식 재료에 무슬림에게 허용된 음식을 뜻하는 할랄 마크가 새겨져 있어요.

그래서 도살한 다음에는 몸속의 피를 되도록 많이 뽑아내고 고기만 먹지요. 넷째, 고기와 가죽, 털을 깔끔하게 해체하고 정리하여 완전히 사용하도록 합니다. 털과 가죽은 손상 없이 잘 수습하여 자선 단체에 희사합니다. 생명을 희생시킨 대가를 힘들거나 버림받은 사람들의 삶에 도움을 주는 것으로

**할랄 인증 마크**
할랄 과정을 거쳐 위생적이고 신뢰할 만한 식품이라는 것을 인증해요.

우리나라의 할랄 불고기

일본의 할랄 라면

유럽과 일본 우리나라에서도 최근 할랄 식품이 인기를 끌고 있어.

갚습니다. 다섯째, 팔기 위해서가 아닌 축제 때 잡은 고기는 3등분하여 함께 나눕니다. 종교적 축일인 경우라면 보통은 1/3은 가난한 이웃에게, 1/3은 공공단체에, 1/3은 가족들에게 돌아갑니다.

아주 어린 생명이나 사고로 죽은 동물, 인간의 먹이를 위해 우리 속에서 사육된 동물은 먹지 않습니다. 동물들이 자유롭게 뛰놀며 살도록 하고, 일정 조건이 되면 그에 맞춰 도살하는 해피 애니멀(Happy Animal) 개념을 매우 중요하게 여기지요.

그래서 할랄 식품이라는 것은 청정과 영성을 갖춘 신뢰의 식품이라는 의미를 갖고 있습니다. 이런 이유로 현재 유럽이나 심지어 우리나라에서조차 할랄 고기를 파는 정육점이 인기를 끌고 있습니다. 바다에서 나는 모든 먹거리는 종교적으로는 할랄 음식이기 때문에 자유로이 먹을 수 있습니다. 그러나 연체동물, 비늘 없는 생선, 갑각류 등은 종교적 금기는 아니지만 유목 사회에서 가지고 있는 문화적 혐오 때문에 잘 먹지 않습니다.

그럼 이슬람에서 보신탕을 어떻게 생각할까요? 물론 금기 식품입니다. 아랍인들은 개고기를 먹지 않습니다. 《꾸란》에 구체적인 언급이 없어 금하는(하람) 음식은 아니지만, 거의 모든 아랍 국가들은 개고기를 금기 식품으로 생각합니다. 물론 북아프리카 지역에 사는 베르베르족 일부는 개고기를 먹는다고 알려져 있지만 이것은 다른 동물의 고기가 부족한 상태에서 어쩔 수 없이 생겨난 습관입니다.

뿐만 아니라 이슬람에서는 먹는 동물의 피의 신성함이나 청결함을 무척 강조합니다. 따라서 주로 초식 동물을 먹고 개, 돼지와 같은 잡식 동물은 거의 먹지 않는답니다.

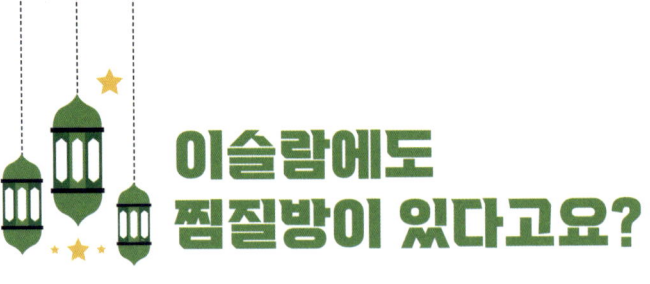

# 이슬람에도 찜질방이 있다고요?

　아랍인들은 항상 모래바람을 맞으며 먼 거리를 다니며 살아야 했기에 몸을 깨끗이 씻습니다. 이런 이유가 아랍식 목욕탕인 '하맘'을 발달시켰지요. 그렇게 오랜 역사를 이어 온 하맘은 이슬람 문화의 기둥이 되었습니다. 이것이 우리나라에는 '터키탕'이라는 이름으로 알려지게 되었습니다.

　터키탕은 우선 바닥과 벽면 전체가 대리석으로 되어 있어요. 은은한 장작 열기를 통해 사람들이 서서히 땀을 내도록 하지요. 우리나라처럼 커다란 욕조는 없고, 중앙에 둥근 대리석 바닥이 있어 그 위에 누워 두어 시간 땀을 뺍니다. 찜질방과도 비슷하지요.

　그리고 나서 개인 샤워실에서 몸을 씻습니다. 특히 온천이 있는 곳이 많아 신경통과 피부병을 치료하는 데에도 효과가 있습니다.

　남탕과 여탕이 분명히 구분되어 있고, 탕 안에서는 같은 남자끼리, 또는 친구나 부모와 자식 간에도 타월로 치부를 반드시 가려서 예의를 지키지요. 여러 사람이 함께 몸을 담그는 불결한 탕 대신 넓은 대리석 열판 위에 누워 여러 가지 이야기를 나누는 터키탕은 이웃과의 만남의 장소입니다.

**이슬람식 목욕탕인 하맘**
하맘을 재현한 조각 작품이에요.

**현대식으로 만든 터키의 하맘**

# 이슬람의 위대한 여성들

이슬람의 여러 문화에 대해 잘 알아보았나요? 3장을 마무리하며 이슬람 세계를 이끈 위대한 여성들에 대해 더 공부해 봐요.

### 방글라데시 최초의 여성 총리
## 베굼 칼레다 지아 (Begum Khaleda Zia, 1945~)

1945년 8월 15일 제2차 세계 대전이 끝나면서 태어난 지아는 독실한 이슬람교의 신앙 속에서 교육받으면서 자라났습니다. 열다섯 살에는 부모님이 정해 준 군인 장교와 결혼했지요. 그는 바로 전 방글라데시 대통령인 지아울 라만입니다.

지아는 대통령 부인으로서 자식을 키우고 남편을 내조하는 것만이 최고라고 생각했어요. 그러나 남편이 피살되자 정치 활동을 시작했습니다. 당의 중심이 되어 흩어져 있던 당원을 모으고, 그 뒤에는 독재자 에르샤드 대통령 퇴진 운동을 끊임없이 벌여 결국 1991년에 그를 물러나게 했습니다.

같은 해 3월 19일, 방글라데시 역사상 처음으로 민주적인 방법을 통해 지아가

전 방글라데시 대통령이었던 지아의 남편 지아울 라만이야. 그가 피살된 뒤 지아는 정치를 시작했지.

칼레다 지아의 남편 지아울 라만

총리로 지명되었습니다. 지아의 승리는 이슬람권에서 파키스탄의 부토에 이어 두 번째 여성 총리라는 점에서 의의가 있답니다.

지아는 재임 기간 동안 군사 독재 정권 아래 뿌리박혀 있었던 대통령제를 의회 민주주의로 되돌려 놓았습니다. 또 지아는 국민들 삶의 질을 높이는 데에 힘썼어요.

인구 조절, 문맹 퇴치, 의무 교육 실시, 국민들을 가난에서 벗어나도록 하는 것과 시골에 전기를 보급하는 일 등은 그녀가 가장 열정을 가지고 추진한 정책이었습니다.

하지만, **걸프전**이 터지면서 경제가 나빠지자 결국 지아는 1996년 7월 선거에서 또 다른 여성 정치인 셰이크 하시나에게 총리의 자리를 내주었답니다. 셰이크 하시나도 2009년 이후 10년 이상 방글라데시 총리로 나라를 이끌어 가고 있습니다.

**걸프전**(1991.1.17~1991.2.28) 유엔의 다목적군과 이라크 사이에서 벌어진 전쟁이에요. 쿠웨이트가 석유를 많이 공급하여 가격이 떨어지자 피해를 입은 이라크가 쿠웨이트를 침공했어요. 그 뒤 2월 28일 이라크가 유엔의 결의안을 받아들이면서 이라크는 쿠웨이트에서 철수했고, 전쟁이 마무리되었어요.

근대 이슬람 국가 최초의 여성 총리
# 베나지르 부토 (Benazir Bhutto, 1953~2007)

베나지르 부토는 파키스탄의 군사 쿠데타로 1979년에 사형을 당한 줄피카르 알리 부토 전 총리의 2남 2녀 중 맏딸입니다.

부토는 어릴 때부터 서양식 교육을 받고, 파키스탄 공용어인 우르두어를 배우기도 했습니다. 1969년에는 미국으로 유학을 떠나 1973년 하버드 대학교 정치학과를 우수한 성적으로 졸업했지요.

정권이 바뀌고 아버지가 감옥에 감금되자 부토는 아버지의 역할을 대신 해냈습니다. 감옥에 있는 아버지를 지지하는 연설을 하기도 한 부토는 아버지에게 가장 믿을 만한 동지였지요.

아버지의 뒤를 이어 어머니가 파키스탄 국민당 총재가 되었습니다. 부토 모녀는 수많은 핍박을 받았으나 파키스탄 국민들에게는 한층 더 뜨거운 사랑을 받았지요.

1988년 8월 선거가 치러졌고, 승리의 기쁨은 부토에게 돌아갔습니다. 그녀는 근대 이슬람 국가에서 첫 번째 여성 총리가 되었습니다. 또한 35세의 나이로 파키스탄의 민주 정부에서 가장 젊은 지도자가 되었지요.

하지만 이슬람교 신학자들은 여자는 이슬람 국가의 지도자가 될 수 없다며 부토를 총리로 인정하지 않았습니다. 그녀의 통치를 거부하는 캠페인도 벌어졌지요. 결국 무능력하고 부패하다는 이유로 굴람 이사하크 칸 대통령은 집권당을 해산했습니다.

그 뒤 1993년, 그녀는 다시 국민들의 투표로 총리가 되었습니다. 전통적인 이슬람 국가에서 여성이 최고 지도자로 등장했다는 것만으로도 부토는 큰 변화를 가져다주었지요. 특히 그녀가 여성 정책 분야에서 이룬 성과는 매우 큽니다. 그러나 여성 지도자를 받아들이기를 거부했던 반대 정치 세력은 2007년 그녀를 암살하고 말았고, 부토는 아까운 삶을 마감했답니다.

### 인도네시아 최초의 여성 대통령
## 메가와티 수카르노푸트리 (Megawati Sukarnoputri, 1947~)

'수카르노의 딸'이라는 의미의 이름 '수카르노푸트리'에서 알 수 있듯이 그녀는 인도네시아 국민이 건국의 아비지로 추앙하는 고(故) 수카르노 초대 대통령의 맏딸입니다. 그녀가 오늘의 위치에 오른 것은 아버지의 힘이 크지요.

1983년 정치의 길에 들어선 메가와티는 1993년 당 총재로 선출되었고, 야당의 대표 인물로 떠올랐습니다. 특히 가난한 시민들과 학생들에게서 큰 사랑을 받았지요. 1999년 부통령에 당선된 메가와티는 2001년 7월 병약한 와히드 대통령을 대신해 대통령이 되어 2004년까지 인도네시아를 이끌었습니다. 이로써 인도네시아는 여성 대통령이 통치한 이슬람 국가가 되었지요.

#### 터키 최초의 여성 총리
# 탄수 칠레르 (Tansu Çiller, 1946~)

탄수 칠레르는 터키 이스탄불 출신으로 미국에서 공부한 터키의 경제학자이자 정치인입니다. 그녀는 정도당의 지도자로 총선에 승리하여 1993년부터 1996년까지 터키의 첫 여성 총리로 활동했지요.

총리가 된 칠레르는 터키가 유럽 연합(EU)에 가입할 수 있도록 본격적인 협상을 시작했고, 1995년 터키와 유럽 국가 사이에 관세 협정을 체결하는 등 국제 관계에 많은 노력을 기울였습니다. 그녀는 1998년까지 터키가 유럽 연합의 정회원이 될 것이라고 예견했지만 아직 터키는 유럽 연합에 가입하기 위해 노력하는 중이지요.

1997년에 당시 총리인 네크메틴 에르바칸이 군부와 야당의 반발에 밀려 자진 사퇴하자 칠레르는 그를 대신해 다시 총리로 취임하기도 했어요. 칠레르는 총리직을 그만둔 뒤로도 정도당 총재로서 외무 장관과 부총리를 잇달아 맡으며 계속 정치 활동을 해 나갔답니다. 그렇게 그녀는 터키의 여권 신장과 유럽 연합 가입 협상, 정치 발전에 큰 공을 세웠지요.

#### 이슬람 여성 최초의 노벨 평화상 수상자
# 시린 에바디 (Shirin Ebadi, 1947~)

시린 에바디는 이란의 판사 출신 인권 운동가로 2003년 이슬람 여성으로는 최초로 노벨 평화상을 받았습니다. 수십 년 동안 이란 여성, 약자, 어린이, 난민을 보호하는 데 헌신해 왔고, 이란인권 보호 단체의 선구자로도 중요한 역할을 했기 때문이에요. 민주화를 이루기 위해 여러 가지 노력도 했고요.

그렇지만 에바디가 노벨 평화상 수상자로 결정되자 이란 정부는 몹시 불쾌하다는 반응을 보였습니다. 평소 그녀가 이란 정부에 비판적인 태도를 보였기 때문이지요.

에바디는 테헤란 대학교에서 법학을 전공하고, 사법 시험을 거쳐 1969년 판사가 되었습니다. 이란에서는 드문 여성 법조인이었지만 능력을 인정받아 1975년에는 여성 최초로 테헤란 시 법원 재판장이 되었지요. 그러나 1979년 이슬람 혁명이 일어나자 판사직을 그만두어야 했고, 1993년이 되어서야 다시 변호사로 활동할 수 있었답니다. 변호사가 된 다음에도 그녀는 여성과 어린이의 인권을 위해 노력했고, 부당하게 투옥된 정치범들을 위한 변론에도 앞장섰지요.

에바디의 이러한 활동은 이란의 국가적 가치인 이슬람 혁명 정신을 반대하는 것은 아니었습니다. 이슬람 경전에 보장된 인권의 가치와 사람 사이 평등을 일깨우자는 것이었지요. 그녀는 이란을 부당하게 침략하고 간섭하는 서구 사회에 대해서도 날카로운 비난을 아끼지 않았답니다.

노벨 평화상을 수상한 다음에도 에바디는 기자 회견을 통해 이란의 인권은 이란의 문제이며 이란 국민들이 스스로 논의하고 해결해야 한다며 서구의 간섭과 개입을 반대했습니다. 2009년 8월에 그녀는 우리나라가 지구촌 평화를 위해 노력한 인물들에게 주는 '만해 평화상'을 수상하기도 했답니다.

- ★ 이슬람은 어떻게 세계로 퍼졌나요?
- ★ 세종 대왕이 《꾸란》을 아셨다고요?
- ★ 이슬람 국가 사우디아라비아를 알고 싶어요
- ★ 유대인과 왜 사이가 나빠졌나요?
- ★ 무슬림은 미국을 싫어하나요?
- ★ 미국에는 무슬림이 없나요?
- ★ 미국의 무슬림 맬컴 엑스를 알고 싶어요
- ★ 페르시아 왕자와 신라 공주의 사랑 이야기가 사실인가요?
- ★ '탈레반', '알카에다', 'IS'가 뭐예요?
- ★ 아랍의 미래는 어떠할까요?

더 알아볼까요? 이슬람의 위대한 정치가들

# 이슬람과 세계 여러 나라

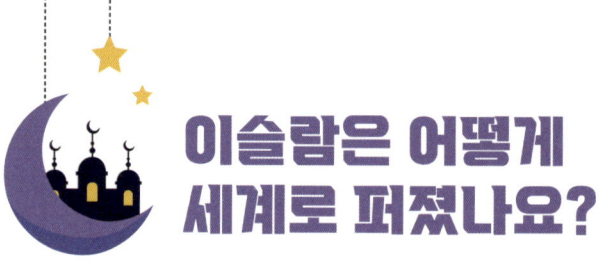

# 이슬람은 어떻게 세계로 퍼졌나요?

지구상에서 가장 큰 이슬람 국가는 아시아에 위치한 인도네시아로, 약 2억 3천만 명 정도의 무슬림이 살고 있습니다. 인도, 파키스탄, 방글라데시에도 각각 2억 명 가까운 무슬림이 있고요. 동남아시아의 말레이시아와 브루나이는 물론이고, 우리가 흔히 불교 국가로 여기는 태국의 남부 5개 주도 이슬람 지역입니다. 필리핀 남부 지역 민다나오 등도 마찬가지입니다.

중앙아시아도 살펴볼까요? 우즈베키스탄, 카자흐스탄, 타지키스탄, 투르크메니스탄, 키르기스스탄, 타타르, 아제르바이잔 등이 이슬람 지역입니다. 이 나라들은 오랫동안 옛 소련의 지배를 받으면서 러시아어를 쓰게 되었습니다. '-스탄(-stan)'이란 페르시아어로 '땅'이라는 뜻이지요.

아프리카 대륙도 북부 아프리카 대부분과, 남부 아프리카 및 중부 아프리카는 대략 반 정도가 이슬람화되어 있습니다.

유럽은 서쪽으로 에스파냐 남부 지역이 15세기 말까지 이슬람 지역이었습니다. 그리하여 알함브라 궁전과 같은 훌륭한 **안달루시아 문화**의 유산을 이곳에 이룩해 놓았지요. 동유럽 쪽으로는 민족 갈등이 심하게 일어났던 보스니

**에스파냐 남부의 알함브라 궁전**
유럽에 영향을 미친 이슬람 문화를
만날 수 있는 곳이에요.

**카자흐스탄의 아스타나 아자렛 술탄 모스크**
카자흐스탄에서 가장 큰 이슬람 사원이에요.
중앙아시아의 -스탄 국가들도 이슬람 지역이지요.

아와 코소보, 알바니아와 마케도니아 등지에 무슬림이 많이 살고 있습니다. 이 지역 역시 중앙아시아의 이슬람 국가들처럼 옛 소련의 공산주의를 겪은 뒤로도 여전히 이슬람 국가로 남아 자신들의 종교와 관습을 지키고 있습니다.

현재 이슬람교는 유럽 국가에도 널리 퍼져 가톨릭 다음으로 많은 사람들이 믿는 유럽의 두 번째 종교입니다. 영국의 런던 한 곳에만 415개 이상의 이슬람 성원(모스크)이 있지요. 이와 같이 이슬람교는 우리나라와 동북아시아에만 잘 알려져 있지 않을 뿐, 사실 거대한 종교·문화 공동체입니다. 물론 무슬림 대부분은 영국이나 프랑스 지배를 받던 동남아시아나 북아프리카 출신의 이주민들이 주로 많지만 백인 유럽인들의 이슬람화도 일어나고 있습니다.

그렇다면 어떻게 이러한 거대 종교 공동체가 만들어졌으며 지금은 어느 정도 널리 퍼져 있을까요?

아라비아반도에서 출발한 이슬람은 7세기 중반, 동쪽으로 이란 고원을 석권했고, 8세기 초에는 중앙아시아와 인도 대륙 북서부까지 나아갔습니다. 8세기 중엽에는 고구려 유민인 고선지 장군이 이끄는 중국의 당나라 군대를 키르기스스탄의 탈라스에서 물리쳐서 중앙아시아 전역이 이슬람 세력의 영향 아래 들어오게 되었습니다.

그 뒤, 다시 동쪽으로 중국의 수도인 장안 및 내륙 지방과 만주와 한반도까지 무슬림 상인들이 드나들면서 이슬람이 전파되었습니다. 한편 뱃길을 따라 남쪽 지방으로 간 무슬림들은 13세기 이후 말레이시아, 인도네시아 및 필리핀의 민다나오섬에까지 그 위력을 떨치게 되었지요.

이슬람은 이집트 서쪽으로도 힘차게 나아갔어요. 그리하여 7세기 후반, 지

오늘날 이슬람은 동남아시아, 중앙아시아, 아프리카, 유럽에 걸쳐 널리 퍼져 있지 (연두색, 초록색 표시 부분).

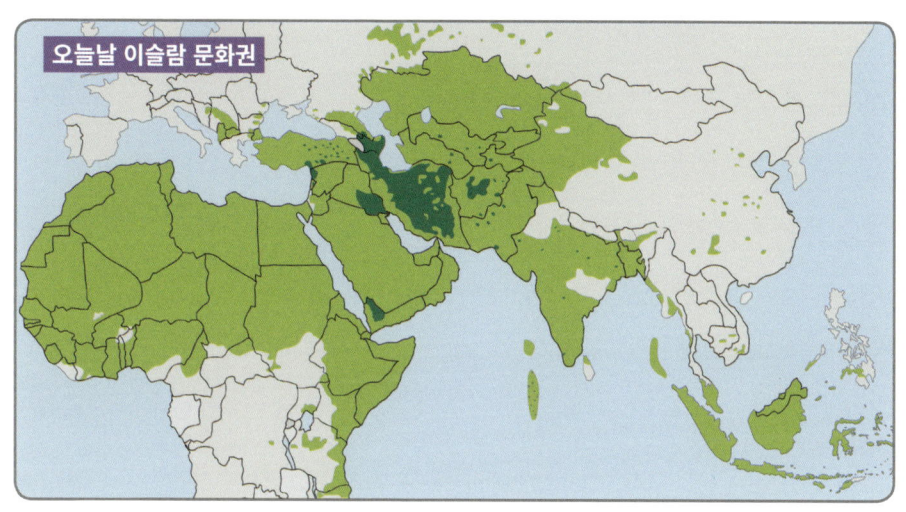

오늘날 이슬람 문화권

이슬람은 아라비아반도로부터 동쪽과 서쪽으로 힘차게 세력을 뻗어 나갔어요.
연두색과 초록색 표시 부분이 모두 이슬람 문화권이에요.

중해 연안을 따라 리비아, 튀니지, 알제리 및 모로코까지 이슬람이 전파되었고, 8세기 초에는 이베리아반도를 정복하여 약 700년 이상이나 그곳에서 권세를 누렸지요. 그러나 이슬람 세력은 기독교 세력의 반격을 받아 16세기부터는 이베리아반도에서 찬란한 문화적 유산만 남기고 사라지게 되었습니다.

북아프리카에서 이슬람은 해안과 내륙 지방으로 나아가서 동쪽 해안의 소말리아, 에티오피아, 케냐, 탄자니아, 잔지바르, 모잠비크, 마다가스카르에 이르렀고, 서쪽 해안으로 모리타니, 세네갈, 감비아, 니제르, 나이지리아로 나아갔습니다. 내륙으로는 차드, 수단, 우간다에도 뿌리를 내렸습니다.

　북아프리카 곳곳으로 영향력을 뻗친 것은 이슬람 초기에 이루어졌으나 아프리카 동서 해안 지역과 내륙 지방으로 나아간 것은 14, 15세기 이후였습니다. 그래서 이곳들은 전통적 민속 신앙 요소가 많이 섞여 있는 것이 특징이지요.

　15세기 중반에 비잔틴 제국을 멸망시킨 오스만 터키 제국의 이슬람 세력은 발칸 반도로 진출하여 17세기까지 루마니아, 불가리아, 알바니아, 옛 유고슬라비아의 남부 지역 및 그리스 등에까지 뻗어 나갔으며, 캅카스 반도로도 뻗어가 옛 소련의 아제르바이잔 공화국과 캅카스 지방도 이슬람화되었습니다.

　현재 19억 인구에, 57개 이슬람 국가를 거느린 이슬람 문화권의 영향력이 가장 약한 곳이 지리적으로 메카에서 가장 멀리 떨어진 동쪽 끝의 우리나라와 서쪽 끝의 브라질이라고 해요.

---

**안달루시아 문화**　에스파냐는 8세기 초부터 약 800년간 이슬람의 지배를 받았어요. 특히 남쪽 지역 안달루시아는 가장 오랫동안 이슬람의 지배 아래에 있어 이슬람 문화가 많이 남아 있지요. 이슬람 세력은 기독교 세력의 국토 회복 운동으로 밀려나기 직전까지 알함브라 궁전 등 세련된 이슬람 문화를 꽃피웠어요.

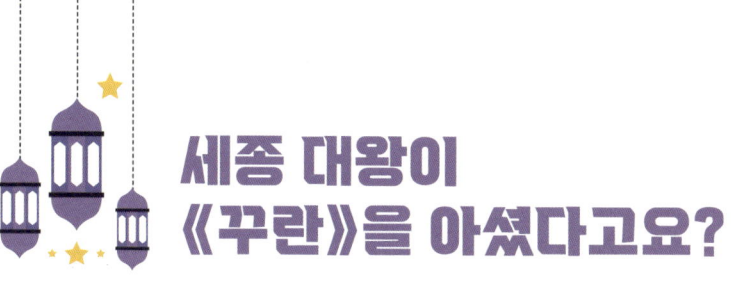

# 세종 대왕이 《꾸란》을 아셨다고요?

세종 대왕께서 새해 초 경복궁의 경회루 앞뜰에서
좌우로 문무백관이 도열한 가운데 지그시 눈을 감고
한 이슬람 원로가 낭송하는 《꾸란》 소리에 빠져 계시더라.

어느 역사 소설에나 나오는 대목 같지만, 이것은 《조선왕조실록》에 여러 차례 나오는 기록입니다. **음**력 정월 초하룻날 경복궁 경회루에서 대신들이 늘어서 있는 가운데 무슬림 대표가 《꾸란》을 읽었다고 합니다.

고려 말기부터 조선 초기까지 한반도에는 무슬림들이 많이 정착해 살고 있었어요. 특히 이슬람 지도자들은 궁중 하례 의식에 초청을 받아 정기적으로 참석했습니다. 세종 대왕 역시 즉위식, 정월 초하루, 동지, **망궐례** 때에 문무백관과 외교 사절들을 초빙하여 의례를 가졌습니다. 그 자리에 이슬람의 대표도 참석하여 **송축**을 했는데, 이슬람식 송축은 《꾸란》을 낭송하는 것이었습니다. 《꾸란》을 낭송하면서 왕의 만수무강과 국가의 안녕을 빌었던 것이지요.

고려 때는 개성 한복판에 이슬람 성원이 있었고, 조선 초기까지 조정에서 《꾸란》이 낭송될 정도로 이슬람 문화는 우리 속에 깊이 들어와 있었습니다.

**한반도에 살던 무슬림**
일제 강점기에 우리나라에 살던 터키계 무슬림들이에요.
이슬람 축제라서 한자리에 모여 찍은 사진이에요.

고려와 조선 때부터 이슬람 문화가 우리나라에 들어와 있었대!

우리가 오늘날 사용하고 있는 음력도 따지고 보면 이슬람 달력의 원리에 크게 영향을 받았습니다.

우리나라 음력의 원리는 세종 때 편찬된 《칠정산외편》이란 역법에서 나온 것입니다. 《칠정산외편》은 역법의 기원과 성격, 계산법에서 이슬람 역법인 회회역법의 원리를 들여와 우리나라가 만들었지요.

그 외에도 조선 초에 집중적으로 개발된 과학 기기나 의학 분야의 발전도 당시 중국에 들어와 있던 세계 최고 수준의 이슬람 과학과 의학의 영향을 받은 것이랍니다.

이처럼 이슬람 문화는 근대 이전에도 오랜 역사적 접촉과 교류를 통해 우리 문화의 한 부분으로 자리 잡고 있었어요.

---

**망궐례** 고려와 조선 시대에 왕이 있는 궁궐을 향해 신하들이 예를 올리는 것이에요. 왕과 궁궐을 상징하는 '궐(闕)' 자를 나무에 새긴 패를 만들어 모시고 예를 올렸지요.
**송축** 기쁜 일을 축하하는 것이에요.

# 이슬람 국가 사우디아라비아를 알고 싶어요

사우디아리비아는 세계 최대의 석유 수출국입니다. 석유를 하루 약 1,100만 **배럴** 정도를 생산하여 대부분을 수출하지요. 요즘 석유 1배럴의 가격이 약 50달러인 것을 감안한다면 1년에 사우디아라비아가 석유 수출로 벌어들이는 수입은 엄청난 액수입니다.

우리나라는 자동차, 반도체, 기진제품, 섬유 등 수없이 많은 제품을 1년에 약 5,000억 달러 넘게 수출하는 정도이므로, 정말 사우디아라비아와는 비교가 되지 않지요.

이 간단한 내용만 보더라도 사우디아라비아는 석유로 축복받은 나라임에 틀림없습니다. 하지만 석유는 무한정 생산되는 것이 아니라 언젠가는 바닥나고 말 자원이에요. 그렇다면 몇 십 년 뒤 석유가 완전히 고갈되었을 때 사우디아라비아의 미래는 어떻게 변할까요?

석유 수출을 할 수 없으니 예전처럼 낙타를 타고 무역을 하거나 양을 치면서 유목 생활을 해야 할까요? 아마 그렇지는 않을 거예요.

왜냐하면 사우디아라비아는 아직도 개발되지 않은 많은 자원들을 가지고

사우디아라비아 메카로 성지 순례를 온 무슬림들

이슬람교의 또 다른 성지인 메디나

있거든요. 석유를 수출하여 살아가는 기간 동안 다른 대체 산업들을 꾸준히 발전시키며 미래를 대비하겠지요? 또 한 가지, 사우디아라비아의 미래를 밝게 하는 것은 사우디아라비아가 현실적으로 그리고 잠재적으로도 세계 최대의 관광 대국이라는 것이지요.

우리들은 대개 세계 최대의 관광지라면 프랑스, 에스파냐, 이탈리아 등을 떠올리게 되지요?

하지만 이슬람을 잘 이해하게 되면 왜 사우디아라비아를 관광 대국이라고 하는지 자연스럽게 알게 됩니다. 이슬람에서는 성지 순례가 의무 사항이니까요. 성지 순례는 사우디아라비아에 있는 '메카'와 '메디나'를 순례하는 거예요. 오늘날 이슬람 인구를 약 19억 명이라고 하면 이들 중 2퍼센트만 성지 순례를 해도 1년에 약 3,800만 명에 이르는 무슬림들이 사우디아라비아를 여행하게 되지요.

순례자들이 종교적 수행을 위해 사우디아라비아에 머무는 기간은 보통 4일에서 일주일가량 되는데, 이 기간 동안 그들이 잠자고, 먹고, 선물을 산다면 그 비용은 바로 사우디아라비아의 관광 수입이 되는 것입니다.

앞으로 무슬림 인구가 계속 늘어나면 사우디아라비아의 순례 관광 수입도 그만큼 늘어날 거예요. 그러니까 석유가 모두 바닥난다 할지라도 사우디아라비아의 미래는 여전히 희망적이지요. 이슬람교가 이 세상에서 완전히 사라지지 않는 한 말이에요.

지금도 사우디아라비아의 국왕에게는 반드시 두 성지인 '메카'와 '메디나'의 수호자라는 별칭을 붙인다고 합니다. 이것이 바로 이 두 성지가 사우디아라비아인들에게 종교적·경제적으로 얼마나 중요한지를 증명하지요.

**배럴** 액체의 양을 재는 단위. 석유 1배럴은 약 159리터예요.

# 유대인과 왜 사이가 나빠졌나요?

아랍인과 유대 민족은 《성서》 속의 같은 백성입니다. 함께 유일신을 믿고 팔레스타인 지역을 중심으로 하는 사막 땅에서 2천 년간 유목과 목축을 하며 물과 먹을 것을 나누고 평화롭게 함께 살아왔지요. 아마 역사에서 이렇게 오랫동안 서로 싸우지 않고 협력해 온 민족도 없을 거예요. 그런 두 민족이 지금은 원수가 되어 으르렁거리고 서로 기회만 있으면 처참한 전쟁을 벌이고 있습니다.

《성서》와 《꾸란》에도 나와 있듯이 두 민족은 모두 아브라함을 조상으로 받들고 있어요. 아브라함은 자식이 없어 몸종인 하갈과 결혼해 이스마일을 낳고, 본부인인 사라는 이삭을 낳았습니다. 그 뒤 이삭은 유대 민족의 조상으로 훗날 예수 그리스도를 낳고, 이스마일은 아랍 민족의 조상으로 그 가문에서 무함마드가 탄생했습니다.

이렇게 역사적으로 가까운 관계를 가진 두 민족이 싸우게 된 것은 전혀 다른 무대 때문입니다. 그 무대는 바로 유대 민족을 박해했던 기독교 세력인 유럽이었습니다.

유대 민족은 기원전 1천 년경에 왕국을 이루어 살고 있다가 기원전 7세기에 아시리아에 왕국을 빼앗겼습니다. 그 뒤 다시 국가를 세웠지만, 기원후 1세기에는 로마에 멸망했지요. 그렇게 유대 민족은 1948년 이스라엘이 독립을 선포하면서 건국될 때까지 거의 2천 년간 나라 없는 떠돌이 생활을 했습니다.

이 처절한 떠돌이 생활의 무대는 바로 유럽이었습니다. 이들은 팔레스타인이 아닌 유럽에서 온갖 박해와 고문과 민족적인 차별을 당했답니다.

313년에 기독교가 공인된 이래 적어도 16세기까지 유럽에서 유대인은 악마와 같이 생각되었습니다. 기독교의 입장에서 볼 때, 유대 민족은 예수 그리

**학살당하는 유대인을 묘사한 그림**
유럽에 페스트가 번지자 유럽인들은 악마를 없애야 한다면서 수많은 유대인을 학살했어요.

스도를 팔아먹은 씻을 수 없는 죄를 지은 저주받은 민족이었기 때문이지요.

유럽인들은 계속해서 유대인을 싫어했습니다. 14세기 유럽에 페스트가 번져 2천만 명 이상이 죽었을 때에는 교황청에서 '하느님의 저주'가 내려졌다며 악마를 제거해야 한다고 말했습니다. 당시 유럽인들에게 악마는 다름 아닌 유대인들로, 수많은 사람이 학살당했지요.

그러다가 16세기 종교 개혁 운동을 맞아 유대인들의 위치가 조금 나아졌지만 '안티-세미티즘'이라고 불리는 반유대주의 감정은 크게 달라지지 않아

**이스라엘이 독립을 선언하는 모습**
세계 대전 때 영국은 아랍인에게도 유대인에게도 독립을 약속했어요. 그러나 둘 다 독립하게 해 주겠다는 약속은 깨지고 이스라엘만 독립을 이루면서 유대와 아랍 두 민족은 원수가 되어 버렸어요.

요. 그렇게 사회적 위기가 생길 때마다 유대인을 희생양으로 삼곤 했습니다. 이 모든 박해는 나라를 갖지 못했기 때문이었지요. 그래서 1897년 전 세계 유대인들이 스위스에 모여 제1회 세계 유대인 대회를 창설하고 비밀 강령을 채택합니다. 팔레스타인 땅에 유대 국가를 건설하는 데, 모든 유대인들이 수단과 방법을 가리지 않고 힘을 모으자는 것이었습니다.

제1차 세계 대전은 이런 유대인들에게 좋은 기회가 되었어요. 영국은 1915년 아랍을 전쟁에 끌어들이면서, 아랍이 영국을 도와주면 전쟁이 끝난 다음 팔레스타인에 아랍 국가의 독립을 약속해 준다고 했습니다. 영국은 또 유대인에게도 자기들을 도와 전쟁을 승리로 이끌어 주면, 팔레스타인에 국가를 만들도록 도와주겠다는 약속을 했어요. 이처럼 팔레스타인이라는 한 지역을 두고, 아랍인에게는 아랍국의 독립을, 유대 민족에게는 유대 민족 국가 창설을 약속한 것이 오늘날 중동 분쟁이 불씨를 키워온 근본 원인입니다.

더욱이 제2차 세계 대전 중에 독일 히틀러의 나치 정권이 들어서서 1,100만 명가량의 사람을 희생시키는데, 그중 600만 명 가량이 유대인이었습니다. 미국은 살아남은 유대인들을 데려다가 팔레스타인 땅에 1948년 이스라엘을 건국해 줍니다. 그러면서 그곳에 2,000년 동안이나 잘 살고 있던 팔레스타인 아랍인들이 쫓겨나면서 비극이 시작된 것이지요. 그래서 유대와 아랍 두 민족은 원수가 되어 버렸습니다.

조금씩 양보해서 억울하게 쫓겨난 아랍인들에게 자치 정부나 국가를 만들어 주는 것이 평화를 이루는 가장 중요한 길이겠지요.

# 무슬림은 미국을 싫어하나요?

많은 무슬림들은 미국의 발전을 동경하면서도 미국을 세계에서 가장 침략적인 나라, 문화가 타락한 나라로 여깁니다. 하지만 이처럼 무슬림들이 미국을 싫어하게 된 것은 그리 오래전의 일은 아니에요. 반미 감정의 뿌리는 제2차 세계 대전 이후 이스라엘-팔레스타인 사이의 갈등에서 시작되었지요.

중동 지역은 대부분 유럽 식민 통치를 경험했습니다. 주로 영국과 프랑스에게 지배당했지요. 그러나 영국과 프랑스보다는 이 지역에 나중에 들어온 미국에 대한 미움이 더 컸어요. 바로 이스라엘과 팔레스타인 사이의 문제에 미국이 끼어들면서부터지요.

유대인과 팔레스타인인은 아브라함의 같은 자손들로서, 역사적 관계가 굉장히 오래되었어요. 오늘날 팔레스타인 지방에 살고 있던 유대인들은 기원후 1세기에 로마와의 전쟁에서 져서 이곳에서 쫓겨나거나 스스로 떠나고 말았어요. 그 뒤 이 땅의 주인은 바뀌어 십자군 원정 기간을 제외한 거의 모든 기간 동안 팔레스타인인들이 살았습니다.

세월이 흘러 19세기, 유럽 대부분 나라가 유대인들을 탄압하자 유대인들은

**영국의 외무장관 밸푸어의 선언서**
팔레스타인 지역에 이스라엘의 유대인 국가 건설을 약속한다는 선언서예요.
이것이 오늘날 팔레스타인 분쟁의 씨앗이 되었고, 아랍이 유럽, 미국과 갈등하는 원인이 되었어요.

> 팔레스타인 분쟁과 석유 문제로 무슬림들은 유럽, 미국과 크게 갈등하게 되었어.

《성서》에 기록된 약속의 땅인 팔레스타인 지역에 자신들의 터전을 꾸리기 위해 국가 건설을 준비하게 되었지요.

영국은 제1차 세계 대전을 치르면서 적국인 독일과 오스만 터키를 꺾기 위해 유대인과 아랍인에게 각각 약속합니다. 전쟁에서 승리할 경우 팔레스타인 땅에 독립 국가를 세우게 해 주겠다는 비밀 약속이었지요.

하지만 영국은 전쟁이 끝나고 난 뒤 비밀 약속을 지킬 수가 없었습니다. 땅은 하나인데 두 나라가 들어설 수는 없었으니까요. 자연히 두 진영 간에 갈등이 시작되었지요. 이때까지만 해도 미국은 깊이 관여하지는 않고 있는 상태

이스라엘과 팔레스타인의 오랜 분쟁은 아직도 해결되지 않고 있어.

팔레스타인인에게 총구를 겨눈 이스라엘군

팔레스타인 무장 단체

였습니다. 그러다 제2차 세계 대전 후 미국을 선두로 한 국제 연합(UN)에서는 팔레스타인 지역을 둘로 나누기로 결정했어요.

　그런데 땅을 나누는 일이 유대인 쪽에 유리하게 되어 있었어요. 올리브 농장과 곡창 지대의 80퍼센트와 아랍인 공장의 40퍼센트가 유대인 쪽으로 들어갔답니다. 그렇게 이스라엘은 건국되었고, 반면 원래 그 지역에 살고 있던 팔레스타인인은 난민이 되어 분노가 극에 달하게 되었어요.

　이때부터 이스라엘과 팔레스타인 간에는 심각한 다툼이 생기기 시작했습니다. 결국 1948년 5월 14일, 이스라엘이 건국을 선포한 다음 날 전쟁이 터졌지요. 첫 번째 전쟁은 이스라엘이 압도적으로 승리했어요. 미국이 적극적으로 지원해 주었거든요. 그 뒤 이어진 네 번의 전쟁에서도 모두 이스라엘이 승리했어요. 특히 1967년 3차 중동 전쟁에서 이스라엘은 아랍 다른 나라의 영토까지 빼앗아 아직까지 돌려주지 않고 있습니다. 유엔 결의를 무시하고 국제법을 어기고 있는 셈이지요.

아랍인들은 이러한 결과가 미국이 이스라엘을 도왔기 때문이라고 여겨 미국을 싫어하게 되었어요. 사실, 아랍 지역은 15세기까지만 해도 유럽을 능가하는 세력으로 군림하다 그 뒤 역전되어 18~19세기에 들어와서는 서구 강대국들의 식민지로 전락한 것이거든요.

특히, 하느님이 아랍인에게 주신 석유라는 은총을 50여 년 동안이나 유럽과 미국인들에게 값싸게 착취당한 아픔이 생생합니다. 석유를 거둬들인 서구는 지금 가장 잘사는 국가가 된 반면에, 많은 아랍 국가들은 가난에 찌들어서 힘들게 살고 있습니다.

무엇보다 2천 년간 살아왔던 자신들의 고향인 팔레스타인 땅을 이스라엘에게 뺏기고 지금은 나라 없는 난민이 된 팔레스타인 지역 아랍인들의 어려움이 바로 충돌과 전쟁의 원인입니다.

일부 급진적인 아랍 세력은 자살 테러를 하기도 했습니다. 2001년 미국에서 일어났던 뉴욕 세계 무역 센터와 국방성 건물 폭파 사건(9·11테러)도 미국이 일방적으로 이스라엘을 지원한 일로 아랍 급진 세력의 원한을 샀기 때문이에요.

만일 지금이라도 이스라엘이 국제 협약을 지키고 팔레스타인에 평화를 이끄는 노력을 한다면 테러나 전쟁의 위험은 크게 줄어들게 되겠지요?

# 미국에는 무슬림이 없나요?

미국에는 전체 인구의 1퍼센트에 해당되는 약 350만 명의 무슬림들이 살고 있습니다. 이슬람 성원(모스크)도 2,800개 정도나 있어요. 우리가 생각하는 것보다 훨씬 큰 규모입니다. 미국에 사는 무슬림들은 미국 사회에 기여하면서 미국 시민들로 열심히 살아가고 있지요.

프로 권투 세계 헤비급 챔피언이자 1996년 애틀란타 올림픽 최종 성화주자로 우리를 감동시켰던 무함마드 알리, 핵 펀치로 유명한 권투 선수 타이슨, 미국 프로 농구의 천재 압둘 자바, 영화로 더 유명해진 인권 운동가 말콤 X 등도 미국 무슬림입니다.

이처럼 미국은 오랫동안 이슬람 국가들과 아주 친밀하고 좋은 관계를 맺어 왔습니다. '아메리칸 드림'을 꿈꾸는 많은 무슬림들이 미국으로 건너간 것이 그 배경이 되었지요. 처음에는 유학생, 교사, 사업가 혹은 방문객으로 미국을 갔던 것이 나중에는 대규모 이민으로 이어졌습니다.

그러나 좋은 관계는 1948년 미국의 도움으로 이스라엘이 건국되면서 깨져 버리고 말았어요. 아랍인의 보금자리인 팔레스타인에 미국이 앞장서서 이스

프로 권투 세계 헤비급 챔피언 무함마드 알리

핵 펀치로 유명한 권투 선수 타이슨

미국 프로 농구 천재 압둘 자바

미국 사회에서 유명 인사가 된 무슬림들이야.

라엘의 나라를 세워 주면서 수많은 아랍인들이 쫓겨났거든요. 그래서 무슬림들은 미국을 좋지 않게 바라보기 시작했습니다.

한편 미국은 1970년대 후반부터 중동의 이슬람 세계에 특별한 관심을 갖게 되었어요. 바로 세계 석유 위기 때문이었지요. 이슬람 국가(중동 아랍 국가)들은 당시 세계에서 필요로 하는 석유 양의 55퍼센트 이상을 생산했거든요. 석유를 안정적으로 확보하기 위해 미국은 중동의 여러 나라와 좋은 관계를 맺기를 원했고, 특히 석유가 나는 부유한 왕국들을 군사적으로 보호해 주었습니다. 석유 이권을 지키기 위해 일부러 남의 나라에 군사적으로 개입해 전쟁과

**9·11 테러**
미국이 석유 이권을 챙기기 위해 이슬람 국가들에 전쟁과 갈등을 일으키자
이슬람 급진주의자들이 미국 뉴욕에서 테러를 일으키고 말았어요.

갈등을 일으키기도 했고요. 결국 일부 이슬람 급진주의자들은 2001년 9·11 테러를 일으키기에 이르렀어요.

9·11 테러가 일어난 다음 미국의 무슬림들은 여러 가지 어려움을 겪게 되었답니다. 자신들이 저지른 일이 아니지만 일부 극단적 이슬람 무장 세력들 때문에 미국의 이슬람 사회 전체가 위험에 처해졌으니까요.

그렇지만 미국의 많은 무슬림들은 여전히 이슬람 세계와 미국을 연결하는 우정의 다리 역할을 하면서 미국 사회에 계속 기여하고 있답니다.

# 미국의 무슬림 맬컴 엑스를 알고 싶어요

1992년 가을, 흑인 영화감독 스파이크 리의 〈맬컴 엑스〉가 상영된 다음, 맬컴 엑스는 영웅이 되었습니다. 미국의 6대 잡지는 앞다투어 맬컴 엑스와 영화감독, 맬컴 엑스역을 맡은 배우를 표지 모델로 삼았어요. 뿐만 아니라 X 자가 붙은 운동모자와 티셔츠가 크게 유행했고, 맬컴 엑스의 전기도 불티나게 팔렸습니다. 과연 그는 누구였을까요?

맬컴은 1925년 미국 네브래스카의 오마하에서 엄격한 침례교 목사의 7형제 가운데 넷째 아들로 태어났지요. 그런데 맬컴이 여섯 살 되던 해에 그의 아버지는 **KKK단**을 모방한 백인 우월주의 단체의 한 사람에게 살해당하고 말았

미국 흑인 인권 운동가 맬컴 엑스

149

답니다. 맬컴과 그의 형제들은 양부모 밑에서 자라게 되었지요.

그는 9살 때부터 물건을 훔치기 시작해서 마약 밀매, 도박 등 범죄 속으로 빠져들었어요. 21살에는 강도죄로 체포되어 오랜 감옥 생활을 하게 되었습니다. 여기서 그의 삶이 바뀌기 시작했어요.

감옥에서 그는 흑인 무슬림 단체의 지도자 엘리자 무함마드를 만나 가르침을 받고, 이슬람으로 종교를 바꾸었습니다. 또 이름을 맬컴 엑스로 바꾸고 흑인 무슬림 단체의 가르침대로 금욕적인 생활을 하며 미국 흑인들을 위해 할 수 있는 일을 찾기 시작했습니다.

그 뒤 맬컴 엑스는 흑인 무슬림 단체에서 벗어나 메카로 여행을 떠났습니

맬컴 엑스가 안타깝게도 죽임을 당한 곳이야. 벽에 총탄 자국이 남아 있어.

다. 메카에서 그는 정통 이슬람을 공부하고, 이슬람 사상이 인류 평등을 가르치고 있다는 사실을 알게 되었지요. 맬컴 엑스는 중동을 여행하면서 만난 충실한 백인들을 통해 백인을 무조건 증오했던 자신의 생각이 틀렸음도 확인했습니다.

그리고 미국으로 돌아와 이름을 '알-핫즈 말리크 알-샤바즈'로 바꾸었지요. 1964년 6월에는 미국 흑인 연합회를 세우고 미국 사회의 병폐를 고치기 위한 사회주의 운동을 시작했습니다.

하지만 안타깝게도 1965년 2월 21일 맬컴 엑스는 뉴욕 **할렘** 지역 사람들에게 연설하던 중, 세 명의 흑인 무슬림들에게 암살을 당하고 말았습니다.

---

**KKK단** 백인 우월주의를 내세우는 미국의 비밀 테러 조직. 남북 전쟁 이후 생겨나 1870년까지 활동한 조직과 1915년에 생겨나 현재까지 지속되고 있는 조직을 모두 말해요. 이들은 흑인들의 정치적 진출을 막고, 흑인들과 그들을 돕는 세력에 테러를 저지르기도 해요.

**할렘** 미국 뉴욕 시에 있는 지역. 19세기 후반에 급속히 발달해 처음에는 중산층의 아파트 지구를 이루었으나, 경제가 어려워지자 빈집이 많이 생겨났어요. 그러자 가난한 흑인들이 많이 들어와 살게 되어 오늘날 흑인 빈민가를 상징하는 이름이 되었어요.

# 페르시아 왕자와 신라 공주의 사랑 이야기가 사실인가요?

옛날에 한 페르시아 왕자가 조국이 망하고 나서 신라에 와서 살다가 신라 공주와 사랑을 나누고 결혼까지 하게 되었대요. 정말이냐고요?

최근 영국 국립 도서관에서 발견된 〈쿠쉬나메〉라는 고대 이란 서사시에 나오는 내용이랍니다. 소설 같은 이야기이지만 실제였을 가능성이 매우 높아서 우리의 관심을 끌고 있어요.

신라의 수도였던 경주의 한 무덤에서는 페르시아형 유리 제품이나 페르시아형 황금 보검이 발굴되었고, 《삼

신라 시대 유리 제품이나 황금 보검 등을 보면 당시 신라가 페르시아와 교류했음을 알 수 있어.

경주 98호 남분 유리병(국립중앙박물관)
비단길과 바닷길을 통해 전래된 것으로 알려진 페르시아형 유리병이에요.

이 책은 우리 역사를 연구하는 데 귀중한 자료가 되고 있어.

**고대 이란 서사시인 〈쿠쉬나메〉**
이름이 쿠쉬의 책이라는 뜻이에요. 책의 절반 이상이 신라에 대한 이야기로 되어 있어요.

국사기》라는 책에는 신라 귀족들이 페르시아 카펫을 썼다고 기록되어 있지요. 그러니까 신라와 페르시아 사이에 긴밀한 교류가 이어져 왔다고 추측해 볼 수 있어요.

경주 괘릉을 지키는 무인석상 역시 페르시아 사람의 모습을 하고 있어 어찌된 일일까 궁금증이 많았는데, 〈쿠쉬나메〉라는 책이 발견되면서 이런 의문을 풀 수 있는 실마리를 찾은 셈이에요.

〈쿠쉬나메〉는 11세기에 책으로 편찬되었어요. 650년경 사산조 페르시아라는 나라가 아랍에게 멸망당하자 아비틴이라는 페르시아 왕자는 중국으로 피신해 와요. 책은 그 왕자 일행이 신라에 오게 되는 이야기로 시작되지요. 아비틴 왕자는 신라에 머무르면서 **화랑도**에게 신무기와 그것을 다루는 기술을 가르쳐 주고, 원래 페르시아의 왕실 스포츠였던 **폴로 경기**를 소개합니다. 나중에는 신라의 삼국 통일에도 큰 공을 세웠고, 신라 공주와 결혼까지 했지요. 하지만 페르시아 왕자는 빼앗긴 자기 나라를 되찾기 신라 공주를 데리고 페르시아로 돌아가게 됩니다. 신라의 왕은 그를 위해 배를 마련해 주었지요. 사랑하는 가족들과 헤어져 다시는 돌아올 수 없는 머나먼 페르시아 시집으로 떠나는 공주의 이야기가 우리의 가슴을 찡하게 합니다.

페르시아 왕자 일행은 지금의 이란 땅인 페르시아로 돌아가서 신라에서 보고 경험했던 사실을 기록으로 남겼어요. 이것은 신라의 기후, 음식, 결혼 풍습, 사냥, 스포츠, 궁궐 모습 등 매우 중요한 우리 역사 자료이지요.

'쿠쉬나메'에서 '쿠쉬'는 등장하는 주인공의 이름이고, '나메'는 책을 의미해요. 다시 말해 '쿠쉬의 책'이라는 뜻입니다. 전체 800쪽 중에서 반 이상이 신라에 대한 내용이라 앞으로 우리가 연구해야 할 것이 무궁무진하답니다.

〈쿠쉬나메〉는 이야기로도 매우 재미있어서 소설과 동화로 이미 출간되었고, 연극, 무용, 뮤지컬, 드라마, 애니매이션으로도 제작되고 있어요. 여러분도 〈쿠쉬나메〉를 보면서 상상의 날개를 펼쳐 보세요.

- **화랑도** 신라 때 있었던 청소년 수련 단체
- **폴로 경기** 말을 타고 나무로 만든 공을 막대기로 쳐서 상대편의 골에 집어넣는 경기

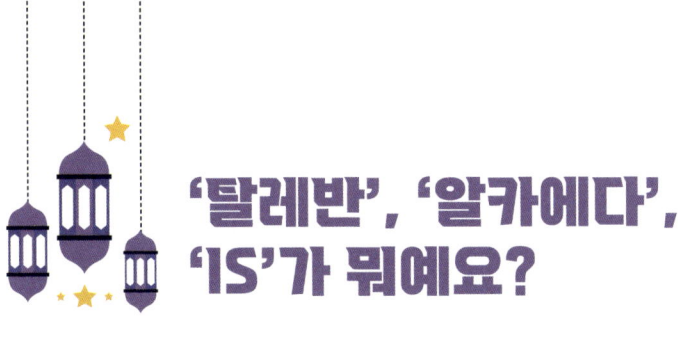

# '탈레반', '알카에다', 'IS'가 뭐예요?

탈레반은 아프가니스탄의 이슬람 무장 단체입니다. 1994년 등장한 '탈레반'은 놀랍게도 학생이란 뜻을 가진 말이지요. 이들의 최종 목표는 아프가니스탄 안에서 적대 관계에 있는 군벌들의 무장을 해제하고 엄격한 이슬람법을 적용시킨 이슬람 정부를 탄생시키는 것입니다.

탈레반은 1996년 9월, 수도 카불을 점령하고 아프가니스탄의 집권 세력이 되어 나라를 통치하기 시작했어요. 그러나 여성을 가혹하게 탄압하고, 유네스코 세계 유산인 **바미안 석불**을 대포로 부숴 버리는 등 반문명적 행동을 보여 전 세계의 비난을 받았지요. 더욱이 2001년 9·11 테러의 배후 조종자로 지목된 사우디아라비아 출신의 오사마 빈라덴을 보호했고, 이에 미국은 아프가니스탄을 공격하여 20년 이상 기나긴 전쟁을 치렀답니다. 결국 2021년 8월 미군이 철수하면서 탈레반은 다시 정권을 잡았습니다.

알카에다는 1979년 구소련이 아프가니스탄을 침공하자 이를 막기 위해 오사마 빈라덴 등이 돈을 대어 만든 이슬람 무장 조직입니다. 처음에는 구소련의 침략을 막기 위해 사우디아라비아 왕정이나 미국과도 협조했지요. 그러나

**탈레반이 파괴해 버린 바미안 석불**
아프가니스탄에 있는 세계 최대의 석불로 중요한 세계 유산이었어요.
하지만 탈레반은 다른 종교의 유적이라는 이유로 폭탄을 터뜨려 석불을 파괴해 버렸지요.

사진 가운데 보이는 구멍에 거대한 석불이 있었지만 지금은 사라졌어.

1991년 걸프전 때 사우디아라비아 왕정이 미군을 자기 나라로 받아들이자 이에 반발하며 관계가 악화되었습니다.

그 뒤 알카에다는 신성한 이슬람의 땅을 보호한다며 반사우디, 반미 노선을 걷다가 급기야 2001년 미국 뉴욕 세계 무역 센터와 워싱턴의 국방성을 비행기로 공격하는 9·11 테러를 일으켰습니다. 미국과 유럽 등은 대테러 전쟁을 선포했고, 그 뒤 오사마 빈라덴까지 처형되면서 그 세력이 꺾이는 듯했지요.

그러나 다음에는 IS라는 새로운 테러 조직이 생겨나 지구촌을 위협하게 되었어요.

　IS는 원래 알카에다의 이라크 지부로 출발했으나 이라크와 시리아의 혼란을 틈타 새롭게 세력을 키웠습니다. 시리아와 터키 국경의 라카 지역에서 이슬람 국가(Islamic State)를 선포하고 이웃 국가와 서방에 맞서고 있지요.

　그들은 존재감을 과시하게 위해 인질 참수, 부녀자 납치, 석유 밀매 같은 여러 가지 흉측한 일을 벌이고 있답니다. SNS를 자유자재로 활용하여 이슬람 세계뿐만 아니라 유럽과 아시아의 소외된 젊은이들까지 불러 모으고 있고요. 그렇게 오늘날 지구촌에 또 다른 큰 골칫거리가 되었습니다.

　그럼 왜 이렇게 끔찍한 테러 조직들이 사라지지 않고 계속 생길까요?

　9·11 테러 이후 미국의 이라크 전쟁으로 약 25만 명의 무고한 민간인이 희생되었고, 시리아 내전에서도 1,100만 명의 전쟁 난민이 생겨났으며 30만 명 이상이 목숨을 잃었습니다. 가족을 잃었다는 것에 대한 복수심, 전쟁 뒤 겪게 된 경제적 어려움, 의지할 때 없는 전쟁고아들의 절망감 등은 이곳 사람들이 테러 조직들의 유혹에 쉽게 넘어가는 원인이 되었습니다.

　앞으로 테러를 줄여 가려면 세계가 이런 끔찍한 테러 조직을 없애는 노력과 함께 전쟁 피해자들에 대한 경제적 지원과 일자리 창출, 고아들에 대한 사회적 배려 등이 함께 따라야 할 것입니다.

**바미안 석불** 아프가니스탄의 중부 도시인 바미안에 있었던 세계에서 가장 큰 석불. 천연 그대로의 바위를 깎아 만든 세계적인 유산이었어요.

# 아랍의 미래는 어떠할까요?

많은 아랍 국가들은 놀라운 미래를 준비하고 있습니다. 언제까지 석유에만 의존하고 살 수는 없기 때문이지요. 귀한 물을 얻기 위해 아랍 국가들은 석유 자본을 투자하여 담수화 시설을 확충하고 있습니다. 걸프만의 바닷물을 끓여 담수로 만들고 수백 킬로미터의 송수관을 통해 가정에 신선한 물을 공급하지요. 마시고 남는 물을 이용해 시내 공원에서 식물이나 꽃을 가꾸고 관개 수로를 만들어 1년에 3~4모작을 할 수 있는 밀도 수확하고 있답니다.

아랍 지역은 날씨가 뜨겁고 건조하여 농사를 할 때 병충해가 거의 없다고 합니다. 사우디아라비아가 밀을 수출하고 있다는 사실은 더 이상 새삼스러운 이야기가 아니지요.

아랍 에미리트의 두바이라는 도시는 석유가 거의 나지 않음에도 불구하고 새로운 창의적 아이디어로 세계적인 금융, 교통, 항공, 쇼핑, 스포츠의 중심 도시로 탈바꿈했습니다. '세계 최대, 세계 최고, 세계 최초'라는 세 가지 브랜드를 내걸고 지구촌이 부러워하는 첨단 도시를 만들어 냈지요. 아랍 에미리트의 수도 아부다비, 카타르의 수도 도하, 쿠웨이트의 수도 쿠웨이트, 오만의

**고층 건물이 즐비한 아랍 에미리트 두바이의 풍경**
가운데에 가장 높은 초고층 빌딩은 부르즈 할리파로 두바이를 상징하는 건축물이에요.

수도 무스카트, 사우디아라비아의 네옴 신도시 등이 두바이 모델을 따라가면서 상상을 초월할 정도의 대규모 도시를 건설하고 있습니다.

2021년 2월에는 아랍 에미리트의 화성 탐사선 아말(Amal, 희망)호가 세계에서 다섯 번째로 화성 궤도에 진입하는데 성공하여 세상을 깜짝 놀라게 했습니다. 사우디아라비아의 술탄 빈 살만 왕자가 1985년 아랍인 최초로 우주 비행을 한 이후로 아랍 국가들은 우주 산업에 어마어마한 투자를 하면서 오랫동안 연구를 해 오고 있습니다. 카타르도 2010년 본격적으로 우주 산업에 참여

하면서 집중 투자를 하고 있습니다. 그들은 중세 때 이룩했던 세계 최고 수준의 과학 시대를 다시 한번 재현하고자 하는 열망을 내비치고 있습니다. 우리나라와 협력해 나갈 우주 산업 분야도 많이 있을 것입니다.

또 한 가지 기대되는 분야는 관광입니다. 오랜 역사 유적지들을 정비하고 홍보하면서 아랍 국가들은 관광대국으로 거듭나겠다는 포부를 밝히고 있습니다. 사회 질서와 안정이 회복된다면 이집트, 리비아, 이라크, 이란, 시리아, 레바논 등지의 찬

아랍 국가들도 앞다투어 우주 산업 분야를 개척하고 있어.

**아랍 에미리트의 화성 탐사선 아말**
세계에서 다섯 번째로 화성 궤도에 진입한 아랍의 화성 탐사선이에요.

란한 문화 유산들을 만나러 우리가 쉽게 여행을 떠날 수 있는 날이 올 것입니다. 사우디아라비아는 석유가 나기 전까지만 해도 1,300년 넘게 세계 최대의 관광 국가 가운데 하나였습니다. 바로 성지 순례 덕분이지요. 지금도 매년 전 세계에서 약 300만 명의 순례객들이 사우디아라비아의 메카나 메디나를 방문하여 몇 달씩 머물다 갑니다.

식량 생산 대국, 우주 산업, 관광 국가 등 우리가 잘 몰랐던 아랍의 미래가 앞으로 더욱 기대됩니다.

# 이슬람의 위대한 정치가들

이슬람과 세계의 관계에 대해 잘 알아보았나요? 4장을 마무리하며 이슬람 세계를 이끈 위대한 정치가들에 대해 더 공부해 봐요.

### 팔레스타인 투쟁의 아버지
## 야세르 아라파트 (Yasser Arafat, 1929~2004)

중동 지역에 관한 국제 뉴스를 보면 언제나 빠지지 않고 등장하던 사람이 있습니다. 자그마한 키, 꺼칠한 수염, 검은색과 빨간색의 체크무늬 아랍 두건, 허리춤의 권총, 시골 할아버지처럼 친근한 인상⋯⋯ 하지만 오기 있고 당찬 모습과 카리스마를 가진 야세르 아라파트입니다.

그는 30여 년 동안 약 300만 명의 팔레스타인인들을 이끌며 팔레스타인의 독립을 위해 노력해 왔답니다. 본명은 무함마드 압둘 라우프 알 쿠드와 알 후세이니지만, 국제 사회에서는 본명보다 야세르 아라파트라는 이름으로 더 잘 알려져 있어요. 그는 팔레스타인 민족의 실질적인 지도자로서 이스라엘과 중동 평화 협상을 마련하는 초석을 다졌어요. 하지만 안타깝게도 2004년

갑자기 세상을 떠났답니다.

아라파트의 삶은 한 편의 드라마와도 같았습니다. 그는 극렬한 테러리스트로 지목되기도 했지만, 중동 평화의 발판을 마련한 공로로 1994년 노벨 평화상을 수상했어요.

그가 평생을 바친 팔레스타인 문제는 아랍인들이 살아왔던 팔레스타인 땅 위에 1948년 이스라엘이 세워지면서 시작되었습니다. 이스라엘은 팔레스타인 아랍 민족을 강제로 추방했고, 그러면서 전쟁이 4차례나 일어나 약 5백만 명의 난민들이 생겨났어요.

이 과정 속에서 아라파트는 팔레스타인 독립을 위해 외길 인생을 걸었고, 불굴의 투지와 지칠 줄 모르는 정열은 그의 상징이 되었어요. 그 때문에 아랍과 이슬람 세계에서는 지금도 그를 존경하는 사람들이 많이 있답니다.

### 사우디아라비아 건국의 아버지
# 이븐 사우드 (Ibn Saūd, 1880~1953)

이븐 사우드는 오늘날 세계 최대 원유 생산국인 사우디아라비아를 세운 사람이에요. 그는 1880년 사우디아라비아의 수도인 리야드 근교의 알 다르이야라는 마을에 사우드 가문에서 태어났습니다. 그럼, 그가 어떻게 사우디아라비아라는 나라를 세우게 되었는지 알아볼까요?

그가 태어난 사우드 가문은 사우디아라비아반도의 중부 지역인 네즈드 지방에서 출발했어요. 그 뒤 이븐 사우드 가문은 옆에 있는 나라인 카타르와 바레인 등으로 옮겨 갔다가 1893년

**최대의 석유 부국 사우디아라비아**

이븐 사우드는 사막의 땅에 사우디아라비아 왕국을 세우고, 20세기 최대의 석유 부국이 될 수 있게 한 사람이야.

  세이크 무함마드 알 사바의 초청으로 쿠웨이트에 정착하게 되었답니다. 여기에서 그는 무함마드의 이복동생인 무바라크 알 사바를 알게 되었고, 둘은 절친한 사이가 되었어요.

  1901년 20대 초반이 된 이븐 사우드는 라쉬드 가문이 지배하던 옛 조상의 땅 리야드의 알 마스마크 요새를 무너뜨리고 그곳을 차지했습니다. 그러나 승리는 잠시뿐 3개월 뒤 다시 리야드에서 철수해야 했어요. 그 뒤 이븐 사우드는 철저하게 공격 준비를 해서 1902년 1월 8일 마침내 리야드를 다시 손에 넣었어요. 이날은 사우디아라비아 역사에서 매우 의미가 크답니다. 이로써 리야드의 지배자가 라쉬드 가문에서 사우드 가문으로 되돌아간 것이니까요.

리야드 남쪽 지역의 주민들은 사우드 가문이 리야드를 손에 넣었다는 소식을 전해 듣고는 서둘러 사우드가를 인정했습니다. 이븐 사우드는 비록 나이는 어렸지만 이 지역을 다스리기 위해서는 힘과 설득이 균형을 이뤄야 한다는 것을 잘 알았지요. 이를 위해 그는 각 지역의 부족들과 동맹을 맺기 시작했습니다.

그렇지만 두 가문 사이의 갈등이 끝난 것은 아니었어요. 양쪽의 피비린내 나는 전투는 1906년 이븐 라쉬드가 죽을 때까지 계속되었지요. 이븐 라쉬드가 전쟁에서 죽자 반도 중부 지역 네즈드에서 라쉬드 가문은 더 이상 영향력을 갖지 못했어요. 반대로 이븐 사우드의 힘든 더욱 커졌답니다. 이를 계기로 이븐 사우드는 아라비아반도의 지배자로 떠올랐지요.

더욱이 그는 제1차 세계 대전에서 오스만 터키가 패배하자 오스만 왕정이 지배하고 있던 이슬람의 성지인 메카와 메디나, 그리고 제다 항구가 있는 헤자즈 지역까지 손에 넣을 수 있었답니다.

1927년 이븐 사우드는 아라비아의 통치자가 되었어요. 1932년 9월 22일 그는 이슬람의 종주국이자 세계 최대 산유국인 사우디아라비아 왕국의 건국을 공식 선포했습니다.

이처럼 이븐 사우드는 수많은 전쟁을 거치면서 아라비아를 통일한 풍운아였답니다. 흩어져 있던 부족들을 하나로 모으고, 샤리아(이슬람법)를 중시하는 국가 제도를 마련해 강력한 통일 국가를 완성시켰어요.

더욱이 1933년부터는 석유를 개발하기 시작해 불모지였던 이곳을 최대 산유국으로 발전시키고, 근대화의 발판을 다졌습니다. 밖으로는 팔레스타인 문제를 포함해 서구 식민주의에 맞서고, 아랍 민족의 통일을 주장했지요.

1953년 그가 세상을 떠나자 아랍인뿐만 아니라 전 세계 지도자들이 조의를 표했습니다. 그는 사막의 땅에 사우디아라비아 왕국을 세우고, 20세기 최대의 석유 부국이 될 수 있도록 기틀과 토대를 마련한 사람으로 지금도 기억되지요.

아랍 민족주의 꿈을 이룬 지도자
# 가말 압델 나세르 (Gamal Abdel Nasser, 1918~1970)

나세르는 이집트의 군인이자 정치가로 많은 국민들의 지지를 받았던 영웅 같은 인물입니다.

그는 1918년 이집트 아시우트 주의 작은 마을에서 태어났답니다. 1938년 카이로의 왕립 군사 학교를 졸업한 뒤, 제1차 중동 전쟁에 나갔으나 부상을 당하고 말아요. 그는 조국 이집트가 이스라엘에 패배하는 굴욕적인 장면을 그저 지켜보아야만 했답니다.

그 뒤 1952년, 그는 이집트에서 혁명을 일으켜 사회적 차별을 없애고 왕정도 막을 내리도록 했어요. 토지 개혁을 이루고, 봉건 제도도 없앴지요. 그렇게 그는 정치 개혁을 이끌어 가면서 국민 스스로가 주권을 가진 민주 공화정의 시대를 열고자 했답니다.

하지만 제3차 중동 전쟁에서 패배해 나세르는 힘이 꺾이고 말았습니다. 그리고 1970년 9월, 아랍인과 제3세계 인민들의 위대한 지도자였던 나세르는 심장 발작으로 갑자기 세상을 떠났습니다.

이집트를 상징하는 스핑크스, 피라미드와 함께 나세르가 새겨진 우표야.

나세르가 그려져 있는(왼쪽) 우표

나세르는 서구가 아랍을 식민지로 삼고 난 다음, 여러 국가로 나뉘어진 아랍 민족과 국가를 하나로 통합시키고자 했어요. 그리고 아랍이 예전의 영광을 되찾을 수 있게 일생을 온전히 바쳤지요. 그래서 그는 지금도 아랍 세계에서 아랍 민족의 영웅, 아랍 통합의 선구자, 서구 제국주의에 맞서 싸운 아랍의 영원한 자랑으로 여겨진답니다.

왕정을 무너뜨리고 아랍 공화국을 건설했던 아랍 국가들의 여러 혁명 지도자들도 그를 추종했지요.

### 이란 혁명의 정신적 지도자
## 아야톨라 루홀라 호메이니 (Ayatollah Ruhollah Khomeini, 1900~1989)

호메이니의 본명은 사이드 루홀라 알-무사비 알-호메이니입니다. 그는 집안 대대로 시아파 지도자인 몰라의 가문에서 1900년경에 태어났지요.

태어난 지 5개월 만에 그의 아버지는 지방 영주에게 죽임을 당했어요. 그때부터 어린 호메이니는 홀어머니 밑에서 자랐답니다. 그 뒤 어머니마저 죽자 숙모가 그를 키웠고, 15세 되던 해부터는 형이 호메이니를 맡아 키웠지요.

그는 자신의 고향 호메인의 이슬람 학교에서 공부를 하다가 1922년 그를 가르치던 선생님이 시아 이슬람의 성지인 콤으로 떠나자 함께 콤으로 와서 공부를 계속했습니다. 나중에는 지위 높은 시아 종교 지도자에게 내리는 '아야톨라'라는

거리에 세워져 있는 호메이니 사진

> 이란 혁명(이슬람 혁명)을 기념하면서 거리에 호메이니 사진을 세워 두었어.

이름도 얻게 되었습니다. 1930년경부터는 자신의 고향을 나타내는 '호메이니'라는 이름을 같이 사용해 '아야톨라 호메이니'라고 불리게 되었지요.

호메이니는 하느님의 신비로움을 명상을 통해 체험하려는 이슬람의 정신 운동인 수피즘을 받아들였습니다. 또한 당시 수많은 이란인이 그랬던 것처럼 호메이니도 외국 세력이 이란에 간섭하는 것을 반대했지요.

서구 열강들은 이슬람 전통을 파괴하며 현대 정치를 들여오려했던 이란 정치 지도자들의 편을 들어 주었답니다. 호메이니는 이를 비판하면서 왕이 다스리는 정치를 반대했어요.

1941년에는 무함마드라는 사람이 영국, 프랑스, 미국의 지원으로 왕이 되었습니다. 1963년대 초부터 무함마드는 '백색 혁명'을 주장하며 서구식 제도를 들여오기 시작했지요. 호메이니는 여기에 강력히 저항해서 결국 감옥에 갇히고 말았어요. 그러나 이 일로 이란의 시민들은 불처럼 들고 일어났고, 이란 혁명이 시작되었습니다.

이란 국왕은 1964년 11월 호메이니를 나라 밖으로 내쫓았습니다. 하지만 호메이니는 이라크 북부의 시아 성지인 나자프로 옮겨 가 자신의 이상을 버리지 않고 왕과 투쟁을 계속했습니다. 결국 1979년 1월, 이란 국왕이 해외로 망명을 떠나면서 호메이니와 이란 국왕 사이의 오랜 줄다리기는 막을 내렸지요.

1979년 호메이니는 이슬람법을 기초로 한 새 헌법을 공표하고, 나라 이름을 이란 이슬람 공화국으로 바꾸었답니다. 또 모든 성직자들이 자기 본연의 위치로 돌아가고, 정치는 전문 정치인에게 맡겨야 한다고 주장했어요. 그러나 1980년에 발생한 이란-이라크 전쟁이 심각해지자 그런 노력은 물거품이 되고 말았어요.

1979년 이슬람 혁명을 성공시킨 호메이니는 여전히 존경받고 있어.

전쟁이 끝나자 성직자들 사이의 싸움이 일어났고, 호메이니의 건강도 나빠졌습니다. 또 다른 혁명이 일어날 것을 염려한 호메이니는 몇 가지 법을 개정해 대통령과 국회 및 정부의 권한을 대폭 강화시켰습니다. 그 뒤 1989년 6월, 호메이니는 세상을 떠났지요.

오늘날 이슬람 혁명 정부가 다스리고 있는 이란은 최근 서방과의 관계를 개선하고, 경제 개발에 힘을 쏟아 중동의 가장 강력한 국가로 떠오르고 있어요. 호메이니가 이룩한 이슬람 혁명 정신이 아직도 살아 움직이고 있는 셈이지요.

터키 독립 전쟁의 영웅
# 무스타파 케말 아타튀르크 (Mustafa Kemal Atatürk, 1881~1938)

무스타파는 1881년, 당시 오스만 터키 제국의 영토였던 마케도니아의 셀라니크(지금의 그리스 살로니카)에서 태어났습니다.

무스타파의 어린 시절은 무척 암울하기만 했습니다. 어린 나이에 아버지를 잃었고, 병에 걸린 동생들 역시 어려운 가정 형편으로 제때에 약을 쓰지 못해 죽고 말았거든요.

그러다 1893년 군사 중등학교에 들어가 체계적인 교육을 받게 되었습니다. 그는 수학을 매우 잘했는데, 그때 수학 선생님이 케말(완전무결)이라는 이름을 새로 붙여 주었다고 해요. 이때부터 그의 이름은 무스타파 케말이 되었답니다.

그 뒤 군대 생활을 하던 그는 제1차 세계 대전 후부터 터키가 빼앗긴 영토를 되찾기 위한 본격적인 독립 투쟁을 하게 되었습니다.

1923년 10월 29일, 마침내 터키가 공화국임을 전 세계에 선포하자, 무스타파 케말은 초대 대통령이 되었습니다. 이로써 그는 터키의 아버지란 의미로 '케말 아타튀르크'로 불렸어요.

그가 정치·경제·사회·문화·사법 등 모든 분야에서 일관되게 추진한 근대화와 개혁 정책은 오늘날 터키가 자주·독립·세속주의 국가로서 체제를 갖추는 데 중요한 바탕이 되었답니다.

　그는 이슬람교를 국교로 하는 것에 반대했으며, 여성의 사회 진출을 허용했습니다. 무엇보다 가장 중요한 개혁 정책은 1928년부터 실행한 문자 개혁입니다.

　그는 아시아·아프리카·유럽 3개 대륙에 걸친 광활한 영토를 600여 년간 유지해 왔던 초강력 국가 오스만 터키 제국이 순식간에 무너져 버린 가장 큰 이유가 국민이 무지했기 때문이라고 생각했거든요. 그래서 터키어를 아랍 문자 대신에 라틴 문자로 표기하도록 하고 자신이 교사로 나서서 직접 국민들을 가르쳤습니다. 오늘날 터키 국민 대부분이 문맹에서 벗어나 자유로운 문자 생활을 할 수 있게 된 것은 그의 이러한 열정과 노력이 바탕에 있었기 때문이지요.

 맺는말

# 다른 나라의 문화를 어떻게 받아들여야 할까요?

이제 우리도 제3세계의 핵을 이루고 있는 중동-이슬람권 세계를 열린 마음으로 받아들이고 이해해야 합니다. 서양의 것만이 우수하고, 앞선 것이고, 멋진 것이라는 생각을 버려야 하지요.

진정한 세계화를 위해서는 다음의 두 가지 조건이 필요합니다.

첫째, 자신이 속한 문화와 가치를 정확히 알고 사랑하는 마음을 가져야 합니다.

둘째, 우리와 관계를 맺고 있는 주변의 문화에 대해 정확하게 이해해야 합니다.

이슬람 세계는 인류가 처음으로 문명을 일구어 낸 땅이고, 오랜 역사를 통해 문화를 쌓아 온 곳입니다. 하지만 20세기가 시작되면서 서구 강대국들의 침입을 받으면서 종교 간, 민족 간, 종파 또 국가 간에 끊임없는 분쟁과 갈등, 테러와 전쟁이 이어졌지요. 이는 이슬람 세계를 전혀 다른 모습으로 바꾸어 버렸습니다. 또한 이러한 뼈아픈 역사는 이슬람 급진 세력의 테러를 불러오기도 했습니다.

21세기에는 세계 어느 나라도 억울하지 않도록, 또 피해받지 않도록 평화로운 세상을 만들어 가야 합니다.

    이제 무슬림들도 세계화에 발맞추어 다른 나라에 대한 분노를 극복하고, 새로운 미래에 맞추어 살아가기 위해 스스로 개혁하고 있습니다. 서구 체제에 무조건 반대하기보다는 전통적인 이슬람 규범과 서구의 사상을 적절하게 조화시키는 방법을 찾고 있지요.

    애초에 이슬람이 가진 가치가 화해와 용서, 그리고 평화의 메시지였던 것처럼 여러 가지 생각과 이상이 함께하는 세상을 이루는 것이야말로 이슬람 정신의 진정한 출발점입니다.

    특히 이슬람 세계는 실크 로드를 통해 오래전부터 우리와 교류하며 같은 아시아 문화권을 이루고 있습니다. 그 역사가 신라 시대부터 이어져 온 것이지요. 더욱이 한류 열풍이 몰아치면서 많은 무슬림들은 우리나라를 좋아하고 우리나라를 자신들이 닮고 싶은 롤 모델로 생각하고 있습니다. 그러니 우리 눈으로 이슬람 세계와 세상을 있는 그대로 들여다보아야만 합니다. 어떠한 편견이나 왜곡 없이 글로벌 문화를 이해하는 자세가 미래를 책임질 엘리트 어린이들의 모습이겠지요?

어린이 여러분!
이제 이슬람에 대해서 많이 알았나요?
이 책을 읽고 나서 새롭게 알게 된 것을
다른 친구들에게도 알려 주고,
함께 이야기한다면
더욱 뜻깊은 일이 될 거예요.
새로운 문화를 받아들이고 이해하는
여러분은 이제 우리나라의 가장 앞선
어린이들입니다.

이희수 선생님이 들려주는
## 이슬람 제대로 알기

**초판 1쇄 발행** 2021년 9월 11일
**초판 2쇄 발행** 2022년 8월 17일

**글쓴이** 이희수
**펴낸이** 황정임
**펴낸곳** ㈜노란돼지
**등록번호** 제 2021-000038호 | **등록일자** 2021년 3월 22일
**주소** 경기도 파주시 문발로 115(파주출판문화정보산업단지), 307 (우)10881
**전화** 031-942-5379 | **팩스** 031-942-5378
**편집** 노란돼지 편집부 | **마케팅** 이수빈, 고예찬 | **경영지원** 손향숙
**일러스트** 소슬랑 | **표지 및 본문 디자인** 진행 최유정

ⓒ 이희수 2021

ISBN 979-11-974410-0-4 73900

**품명** 이희수 선생님이 들려주는 이슬람 제대로 알기 **제조자명** 파란등대 **제조국** 대한민국
**주소** 경기도 파주시 문발로 115(파주출판문화정보산업단지), 307 **연락처** 031-942-5379
**제조년월** 2021년 9월 **사용연령** 10세 이상
KC마크는 이 제품이 공통안전기준에 적합하였음을 의미합니다.

⚠ 종이에 베이거나 긁히지 않도록 조심하세요.
책 모서리가 날카로우니 던지거나 떨어뜨리지 마세요.

도서출판 노란돼지는 독자 여러분의 의견을 기다립니다. yellowpig.co.kr

파란등대는 바다에서 길을 찾을 때 도움을 주는 등대처럼
지혜로운 삶에 도움이 되는 책을 펴냅니다.